T0021311

José Hernández nació en 1834 en los alrededores de la Ciudad de Buenos Aires, pero a los pocos años pasó a vivir en el campo, donde su padre administraba estancias, y se familiarizó con las costumbres rurales. Los vaivenes de su vida política, signados por el largo enfrentamiento entre Buenos Aires y el resto del país a lo largo de varias décadas, lo llevaron a participar de las continuas luchas civiles y a instalarse desde 1857 en Paraná, capital de la Confederación Argentina. Allí ejerció diversos cargos públicos e inició su carrera como periodista, cuyo punto culminante fue la creación del diario *El Río de la Plata*, en el que a lo largo de 1869 publicó numerosas notas denunciando las condiciones de vida de los gauchos. Una frustrada rebelión contra el gobierno del entonces presidente Domingo F. Sarmiento lo condujo al exilio en el sur de Brasil, de donde volvió clandestinamente para negociar el indulto en Buenos Aires. En esas circunstancias escribió, en apenas una semana, la primera parte de su *Martín Fierro* en 1872. En los años siguientes, su posición política varió de la oposición al oficialismo, siendo diputado en 1879, el mismo año en el que escribió la segunda parte de su libro. Mientras tanto, la popularidad de su personaje fue creciendo, al punto tal que a Hernández se lo conocería como «Senador Fierro». Dedicado en sus últimos años a la vida pública, murió en 1886. En homenaje a su nacimiento, el 10 de noviembre se festeja el Día de la Tradición.

Carlos Gamerro nació en Buenos Aires en 1962. Su obra de ficción publicada incluye las novelas *Las Islas* (1998), *El sueño del señor juez* (2000), *El secreto y las voces* (2002), *La aventura de los bustos de Eva* (2004), *Un yuppie en la columna del Che Guevara* (2011), *Cardenio* (2016) y los cuentos de *El libro de los afectos raros* (2005). También es autor de *El nacimiento de la literatura argentina y otros ensayos* (2006), *Ulises. Claves de lectura* (2008), *Ficciones barrocas* (2010), *Facundo o Martín Fierro* (2015; Premio de la crítica de la Fundación El Libro), *Borges y los clásicos* (2016) y *Shakespeare en Malvinas* (2018). Ha traducido, entre otros, *Enrique VIII*, *Hamlet* y *El mercader de Venecia* de William Shakespeare. Junto con Rubén Mira escribió el guion del film *Tres de corazones* (2007), dirigido por Sergio Renán. En 2011 se estrenó su obra teatral *Las Islas*, con dirección de Alejandro Tantanian.

JOSÉ HERNÁNDEZ

Martín Fierro

Introducción de
CARLOS GAMERRO

Edición revisada por
ALEJANDRA LAERA

PENGUIN CLÁSICOS

Papel certificado por el Forest Stewardship Council®

Primera edición: octubre de 2018
Primera reimpresión: octubre de 2022

© 2018, Penguin Random House Grupo Editorial, S. A. U.
Travessera de Gràcia, 47-49. 08021 Barcelona
© 2018, Carlos Gamerro, por la introducción
Diseño de la cubierta: Penguin Random House Grupo Editorial / Rompo

Printed in Spain – Impreso en España

ISBN: 978-84-9105-380-4
Depósito legal: B-16.750-2018

Compuesto en M. I. Maquetación, S. L.

Impreso en Liberdúplex
Sant Llorenç d'Hortons (Barcelona)

PG5380A

ÍNDICE

Nota preliminar de Alejandra Laera   9

Introducción de Carlos Gamerro   13

Martín Fierro

El gaucho Martín Fierro (1872)   41

Carta a José Zoilo Miguens   43

Carta del Sr. Hernández a los editores
de la octava edición   47

La vuelta de Martín Fierro (1879)   139

Cuatro palabras de conversación con los lectores   141

Nota preliminar

A finales de 1872, Imprenta de la Pampa dio a conocer un folleto de ochenta páginas y de unos quince centímetros por veinte: era *El gaucho Martín Fierro*, y lo había escrito José Hernández en apenas unas semanas, mientras se encontraba instalado en el Hotel Argentino de Buenos Aires tras un tiempo de proscripción política. La edición era modesta y tuvo una tirada de pocos ejemplares, que se pusieron a la venta a bajo precio y se agotaron rápidamente. El poema constaba de treinta y tres estrofas de versos octosílabos agrupados en sextinas y divididos en trece cantos en los que, siguiendo la tradición de otros poemas gauchescos, se presentaba la autobiografía ficcional del protagonista usando la voz del propio gaucho.

A modo de prólogo, Hernández incluyó una carta a Zoilo Miguens, quien, además de dueño de una estancia, fue juez de paz en la campaña en reiteradas ocasiones y se sabe que tenía consideración por los gauchos y se oponía a las condiciones de vida a las que se hallaban sometidos. Además, la edición constaba de tres extensos epígrafes vinculados con el tema del poema: parte de un discurso de Nicasio Oroño denunciando el servicio de fronteras; un fragmento de un artículo del diario *La Nación* sobre la vida en los fortines, y una larga tirada de versos del poeta uruguayo Alejandro Magariños Cervantes. Para terminar, como apéndice, llevaba un escrito de corte periodístico, «El camino trasandino», en el que Hernández defendía las ventajas del tren o *chemin de fer* («camino de hierro»), según se decía también por entonces, como modo de conectar el Río de la Plata con Chile.

Para sorpresa incluso del propio Hernández, *El gaucho Martín Fierro* resultó un éxito no sólo en la ciudad, donde se encontraban los previsibles lectores, sino también en la campaña. Tanto es así que se cuenta que en las pulperías o tiendas en medio de la pampa los gauchos pedían yerba, azúcar y un *Martín Fierro*. En la «Carta a los editores de la octava edición», que acompañó la cuidada reedición del libro en Montevideo en 1874 y es uno de sus paratextos más importantes, Hernández dio cuenta de su enorme popularidad citando reseñas y comentarios, mientras, en referencia al gaucho, destacaba la amplia difusión oral del poema y apostaba a que eso despertara el deseo de lectura. En efecto, el éxito de *El gaucho Martín Fierro* se debió en gran parte a la lectura en voz alta y a la circulación oral de sus versos, lo que hizo que entre 1872 y 1878 se realizaran once ediciones, con un total de unos cincuenta mil ejemplares.

Cuando en 1879 José Hernández publicó la segunda parte del poema —que se conoció como *La vuelta de Martín Fierro* por contraste con la primera parte, que empezó a llamarse *La ida*—, las circunstancias ya eran bien diferentes. Para empezar, el texto no se publicó como folleto sino en un volumen de tapa dura, con buena encuadernación e ilustraciones. En el prólogo, «Cuatro palabras de conversación con los lectores», Hernández se refería a ese cambio y aportaba cifras y reseñas que lo justificaban. Que se tratase de un libro y no de un folleto indicaba el cambio de estatus y anticipaba toda una zona de consagración del *Martín Fierro*, pero que de esa edición se hubieran hecho veinte mil ejemplares ponía de manifiesto el alcance de la elección popular. Por su parte, las diez ilustraciones que acompañaban al poema, con dibujos de Carlos Clérice y grabados de Supot, sirvieron tanto para decorar el texto como para visualizar la historia escrita ante ese público que la conocía y la consumía aunque no estuviera alfabetizado como para leerla. El impacto fue inmediato: en dos años salieron cuatro ediciones más, todas de Imprenta de Pablo E. Coni, además de juicios críticos dispares de destacados hombres de letras.

Sin embargo, al contrario de lo que se suele creer, en la década de 1880 *Martín Fierro* no destacó particularmente entre el resto de la literatura con tema gaucho, hasta casi su indiferenciación. Como la mayoría de esas manifestaciones populares, el poema de Hernández fue sometido a la versión teatral y a la recreación de los payadores o cantores populares, con lo que circuló en el ámbito urbano y en el rural, reuniendo así a los inmigrantes, que eran los nuevos habitantes de la ciudad, con la gente de los pueblos y los gauchos de la campaña. Habría que esperar varios años y la modificación sustancial de ciertos factores históricos, sociales y literarios para que se dieran las condiciones que permitirían la consagración cultural del *Martín Fierro* en su centenario y la consagración estatal en la década de 1930 que lo identificarían como el clásico nacional.

Pocos textos tuvieron tantas ediciones a lo largo del siglo XX, y hasta hoy, como el *Martín Fierro*: de lujo, de bolsillo, ilustradas, anotadas. Entre estas últimas destacan, en la década de los años veinte, la edición filológica de Eleuterio Tiscornia y la de Santiago M. Lugones, muy valorada por Jorge Luis Borges; en los años sesenta, la de Horacio Jorge Becco, y en 2001, la cuidadísima edición de Élida Lois. Todas ellas han contribuido al estudio y el redescubrimiento del *Martín Fierro* para los más diversos públicos.

ALEJANDRA LAERA*

* Alejandra Laera es profesora titular de Literatura Argentina en la Universidad de Buenos Aires e investigadora independiente del Consejo Nacional de Investigaciones Científicas y Técnicas (CONICET).

Introducción

En su cuento «Biografía de Tadeo Isidoro Cruz (1829-1874)», Jorge Luis Borges nos remite a «un libro insigne; [...] un libro cuya materia puede ser todo para todos (I Corintios 9:22), pues es capaz de casi inagotables repeticiones, versiones, perversiones». Parece que habla de la Biblia, pero habla del *Martín Fierro*; mejor dicho, habla del *Martín Fierro* como si fuese la Biblia y, tal como sucede con las exégesis bíblicas, esas «repeticiones, versiones, perversiones» son, hoy, inseparables del poema mismo. Resulta casi imposible, y al mismo tiempo ocioso, pretender acceder a su «sentido originario» sin esas mediaciones: el *Martín Fierro* es hoy un palimpsesto de escrituras superpuestas. Al mismo tiempo, el poema se ha entrelazado hasta tal punto con su mundo, que es el nuestro, con nuestra literatura anterior y posterior, nuestra lengua, nuestro pensamiento, nuestra política, nuestros valores y maneras de vivir y sentir y mirar ese mundo, que ya no sabemos si provienen del mundo o del poema. En palabras de Ezequiel Martínez Estrada, en su monumental *Muerte y transfiguración de Martín Fierro*,[1] «El *Martín Fierro* ocupa el territorio entero del folklore rioplatense. Ni historia, ni leyenda ni tradición, ni forma alguna de literatura popular subsisten una vez que se ha difundido el poema. Todo se olvida, recordándoselo. [...] La realidad misma de nuestras llanuras parece convertirse en un plagio del Poema, y sus hombres

1. Salvo que se indique lo contrario, todas las citas de Martínez Estrada corresponden a esta obra (Rosario, Beatriz Viterbo, 2005).

oriundos adquieren sus dichos y hasta sus costumbres [...] y ¿por qué no decirlo? ciertas inflexiones y modalidades del habla. Ya es indiscernible lo que tomó Hernández y lo que se ha tomado de él». Por lo mismo, el poema no goza, ni podría gozar, de pareja devoción fuera de los límites de nuestra patria. Ser tan argentino es su gloria y su condena.

Parece claro que José Hernández[2] (1834-1886) no se planteó en un principio más que escribir «un folleto popular contra el Ministerio de Guerra», como lo define Borges,[3] denunciando las injusticias cometidas contra los gauchos, sobre todo las derivadas de la aplicación de la ley de vagos y la ley de levas. Por suerte, los textos, y también los personajes, tienen la saludable tendencia a independizarse de las intenciones de sus autores y, felizmente ,en algún punto «Martín Fierro se impuso a José Hernández; el gaucho maltratado y quejoso que hubiera convenido al esquema fue poco a poco desplazado por uno de los hombres más vívidos, brutales y convincentes que la historia de la literatura registra. Acaso el propio Hernández no sabría explicarnos lo que pasó».

Fiel al propósito inicial de Hernández, la pampa del comienzo del poema es una Arcadia en la que renace la edad de oro celebrada en la literatura pastoril del Renacimiento y el Barroco, cuando la tierra era de todos y la naturaleza daba de sí sin necesidad de trabajar, o al menos trabajando por gusto: «Aquello no era trabajo / Más bien era una junción». Esta imagen gozosa de la pampa como *locus amoenus*, que incluye las inolvidables estrofas «Yo he conocido esta tierra / En que el paisano vivía, / Y su ranchito tenía / Y sus

---

2. Una particularidad de muchas lecturas del *Martín Fierro* —y no será ésta la excepción— es que apenas remiten a la figura de su autor, como si el poema se hubiera escrito solo. A esta impresión contribuye sin duda el hecho de que Hernández no haya escrito otra cosa de valor, ni antes ni después, como si su ser entero se hubiera agotado en este texto. Ya en su tiempo era tal la identificación entre autor y texto —identificación, aclaremos, en la cual el autor desaparece en el poema—, que a la muerte de aquél algún diario pudo publicar sin error «murió el senador Martín Fierro».

3. Prólogo de 1962 a *Martín Fierro*, en *Prólogos con un prólogo de prólogos*, Buenos Aires, Torres Agüero, 1975.

hijos y mujer… / Era una delicia el ver / Cómo pasaba los días», culmina con un suculento canto a la abundancia digno del País de Cucaña: «Venia la carne con cuero, / La sabrosa carbonada, / Mazamorra bien pisada, / Los pasteles y el güen vino… / Pero ha querido el destino, / Que todo aquello acabara». Lo que acaba con la edad de oro que canta Fierro es la llegada de la ley y la autoridad: «Estaba el gaucho en su pago / Con toda seguridá; / Pero aura… barbaridá! / La cosa anda tan fruncida, / Que gasta el pobre la vida / En juir de la autoridá». *In Arcadia ego* también se oye en la pampa, pero quien lo dice no es la Muerte sino el Estado.

Claro que esta evocación de la edad de oro no debe tomarse literalmente. Fierro no canta el estado de la naturaleza, sino el del trabajo armónico: en todas las tareas del canto II (la doma, la yerra o marcaje del ganado, la reunión en la cocina al caer la noche) la estancia es centro y marco, lo cual nos recuerda, una vez más, que la gauchesca no es obra de gauchos sino de estancieros agauchados. La edad de oro que pinta Hernández es anarquista a medias: sin estado ni leyes pero con Dios y, sobre todo, con patrón, cuya figura asoma, como quien no quiere la cosa, en un rincón del idílico cuadro: «Y después de un güen tirón / En que uno se daba maña, / Pa darle un trago de caña / Solia llamarlo el patrón».

No deja de ser llamativo que tanto en *Martín Fierro* como en otras obras escritas a su sombra, como *Juan Moreira*, las injusticias las cometa siempre el juez de paz, el comandante de campaña, el almacenero, es decir, los representantes de las instituciones y el comercio burgueses, pero nunca el terrateniente, nunca el patrón. En la literatura rural latinoamericana, en cambio, el principal enemigo del campesino es el hacendado, y la ley y la policía son apenas sus agentes; piénsese, por ejemplo, en *Pedro Páramo*, de Juan Rulfo. Pero, claro, nosotros no tuvimos revolución mexicana. Lo que la ley y el Estado central vinieron a interrumpir, entonces, fue este idilio tardofeudal, basado en relaciones personales pero ciertamente no entre pares. El gaucho canta el sueño (la instrucción) del estanciero: «el Estado y sus leyes están de más, mis gauchos y yo nos bastamos solos».

Domingo Faustino Sarmiento había presentado en su *Facundo* al prototipo del «gaucho malo» como algo dado: un hombre a quien «la justicia persigue desde muchos años», «divorciado con la sociedad, proscrito por las leyes», un «salvaje de color blanco». Hernández se toma el trabajo de explicarle cómo se hace un gaucho malo: «Juyeron los más matreros / Y lograron escapar: / Yo no quise disparar, / Soy manso y no había porqué. / Muy tranquilo me quedé / Y ansí me dejé agarrar». Una vez «agarrado» por el aparato de captura del Estado, la cadena de su destino ha sido forjada: tres años de secuestro y servidumbre en la frontera, la deserción, las posesiones perdidas y la familia dispersa, la borrachera, el primer crimen y ya tenemos al gaucho manso convertido en fugitivo en contra de su voluntad.

En la gauchesca, el criminal es el héroe y los malos son siempre la policía y los jueces.[4] Tan connatural al género es este principio básico que ni siquiera nos llama la atención. Pero para resaltar esta peculiaridad de la gauchesca basta señalar lo que sucede en otro género que surge más o menos en la misma época y en condiciones similares: el wéstern. En éste las cosas son exactamente al revés: el sheriff es siempre el héroe, y el bandolero, el villano. Borges, una vez más, lo vio más claro que nadie y localizó allí lo que podríamos considerar la escena primaria de la literatura argentina (un desorden, sí, pero de los de cuchillo). Lo hace en el ensayo «Nuestro pobre individualismo», de apenas dos páginas, posiblemente las más lúcidas que se han escrito sobre la relación entre nuestra literatura y nuestra identidad como pueblo: «Nuestro pasado militar es copioso, pero lo indiscutible es que el argentino, en trance de pensarse valiente, no se identifica con él [...] sino con las vastas figuras genéricas del Gaucho y el Compadre. Si no me engaño, este rasgo instintivo y paradójico tiene su explicación. El argentino hallaría su símbolo en el gaucho porque el valor cifrado en aquél por las tradiciones orales no está al servicio de una causa y es puro. El gaucho y el compadre son imaginados como rebeldes; el argentino, a diferencia de los americanos del Norte y de casi

4. La excepción es *Santos Vega o los mellizos de la Flor,* de Hilario Ascasubi, poema que tiene más de moral-religioso que de político-social: un mellizo «salió malo» y el otro «salió bueno», y el rol de la policía, que persigue al malo, es ensalzado.

todos los europeos, no se identifica con el Estado. Ello puede atribuirse al hecho general de que el Estado es una inconcebible abstracción; lo cierto es que el argentino es un individuo, no un ciudadano. Aforismos como el de Hegel, "El Estado es la realidad de la idea moral", le parecen bromas siniestras. Los films elaborados en Hollywood repetidamente proponen a la admiración el caso de un hombre (generalmente, un periodista) que busca la amistad de un criminal para entregarlo luego a la policía; el argentino, para quien la amistad es una pasión y la policía una mafia, siente que ese "héroe" es un incomprensible canalla. Siente con don Quijote que "allá se lo haya cada uno con su pecado" y que "no es bien que los hombres honrados sean verdugos de los otros hombres, no yéndoles nada en ello".[5] Más de una vez, ante las vanas simetrías del estilo español, he sospechado que diferimos insalvablemente de España; esas dos líneas del *Quijote* han bastado para convencerme de error; son como el símbolo tranquilo y secreto de una afinidad. Profundamente la confirma una noche de la literatura argentina: esa desesperada noche en la que un sargento de la policía rural gritó que no iba a consentir el delito de que se matara a un valiente y se puso a pelear contra sus soldados, junto al desertor Martín Fierro».

Muchos lectores, condicionados por ideas previas sobre lo que debería ser nuestra relación con la ley y el Estado, no son capaces de ver lo obvio: la actitud de Borges está mucho más cerca del elogio que de la reprobación, aprueba la devoción del argentino por las relaciones personales y su desprecio por —o al menos su desconexión ante— la ley y el Estado, como él mismo se encarga de recalcar en un párrafo posterior: «El más urgente de los problemas de nuestra época […] es la gradual intromisión del Estado en los actos del individuo; en la lucha contra ese mal, cuyos nombres son comunismo y nazismo, el individualismo argentino, acaso inútil o perjudicial hasta ahora, encontrará justificación y deberes». En «Biografía de Tadeo Isidoro Cruz (1829-1874)» ya había justifica-

5. *Quijote*, I, XXII, capítulo donde se narra la liberación de los galeotes, condenados por la justicia del rey.

do y exaltado la decisión tomada por el sargento Cruz en esa «desesperada noche».

Resultaría aventurado afirmar que *Martín Fierro* funda la tradición del ilegalismo argentino, pero sin duda tiende a darle sustento emotivo e ideológico, y debido a la enorme difusión del poema entre las clases populares, sobre todo en el campo, y su paradójica promoción a texto oficial, su importancia no debe menoscabarse. Pero no sólo «los americanos del Norte y casi todos los europeos» se escandalizan de una conducta como la de Cruz; Martínez Estrada, que a saber por qué le tenía una inquina particular al exsargento de policía, afirmó que ésta era «la acción más repulsiva de Cruz, en su decisión súbita de defender a Fierro contra sus compañeros que están cumpliendo el deber según sus órdenes».

Razón no le falta. Si de lealtad se trata, más se la debía Cruz a sus compañeros que a ese desconocido; si de deberes profesionales, su obligación era hacer cumplir la ley; si de ley moral, ésos eran sus hombres, cumplían sus órdenes. Por más vueltas que le demos, la acción de Cruz es moralmente reprobable. Y justo por eso constituye el momento de mayor júbilo y libertad de nuestra literatura: Cruz, que parecía haber sido domesticado, haberse convertido en una pieza de la maquinaria del Estado, se sacude de encima todos los condicionamientos y todas las trampas y comete un acto infame que lo pondrá para siempre fuera de la ley y de la moral. Ha quemado las naves: después de eso no le queda más que cruzar la frontera, ponerse no sólo fuera de la ley sino de la sociedad.

Pero las cosas nunca son simples en el *Martín Fierro*. Reducir sus opciones a la alternativa legalismo/ilegalismo como instancia particular de la oposición general civilización/barbarie, con Sarmiento en el polo de la civilización y Hernández en el de la barbarie, es demasiado simple y es, además, falso. Ni Hernández podía ponerse en contra de la ley, ni podía proponérselo al gaucho; sabía que el avance del Estado, la ley y la cultura letrada era inexorable. Lo que Hernández buscaba era una salida a la dicotomía sarmientina que no fuera la de la solución final, el triunfo de uno de los polos y la aniquilación del otro; solución que Hernández sí aceptó y propuso para «la cuestión india», pues los indios no eran bárbaros sino salvajes, es decir, irrecuperables.

Quien mejor ha dilucidado sobre esta compleja cuestión es Josefina Ludmer en *El género gauchesco. Un tratado sobre la patria.* En los párrafos que siguen intento resumir, sin pretensiones de innovar, su decisivo análisis.

En la Argentina previa a la Organización (1810-1880) conviven dos códigos: uno es el rural y tradicional, según el cual, por ejemplo, no es delito robar ganado ni matar a un hombre si hubo ofensa, y cuyo soporte es la lengua oral.[6] Este código es desacreditado como barbarie por Sarmiento, sobre todo cuando se propone imponerse como único, borrando la ley escrita, invadiendo las ciudades (como hace, una y otra vez, su Facundo). Por el otro lado está la ley de Estado, que, por ejemplo, penará el robo y la muerte en duelo, y cuyo soporte es la lengua escrita. El conflicto que narra Hernández no es sólo el del choque entre uno y otro código, su Martín Fierro no es ni quiere ser un Facundo que invade las ciudades para imponer, por encima de la ley, su código arcaico. Tampoco se trata de un conflicto trágico, en el cual el código tradicional está destinado a desaparecer, y con él, el gaucho; *Martín Fierro* no es tragedia sino denuncia, y quien hace una denuncia supone que hay una solución. El problema, señala Hernández, es que la ley de Estado se aplica de modo diferencial: la ley de vagos, cuyo objetivo es proporcionar brazos a las estancias, y la ley de levas,[7] destinada a proveer de tropa a los fortines, se aplican en el campo, no en la ciudad; a argentinos, no a extranjeros; a los gauchos proletarios, no a los propietarios. El problema no es la barbarie innata del gaucho, como quería Sarmiento, sino la violación, en el seno del proyecto iluminista, de uno de sus principios básicos: la igualdad de los hombres ante la ley. Es la aplicación diferencial de la ley, antes que la geografía, la sangre o la tradición, lo que hace del paisano un bárbaro y lo obliga a

6. El gaucho que delinque vive como perseguido sin causa porque según su código él es inocente: lo que hace (matar, robar) sólo es delito según el código ajeno.

7. Las dos leyes están en conflicto: a más brazos en las estancias, menos en la frontera, y viceversa: Hernández, estanciero al fin, descarga sus iras principalmente sobre la ley de levas.

pasar de «gaucho bueno» a «gaucho malo». El sueño de la civilización produce bárbaros.

Hernández plantea el problema en *La ida* y ofrece la solución en *La vuelta* (la solución es posible porque la coyuntura ha cambiado: se ha liquidado tanto a las montoneras, o formaciones de civiles armados, como a los malones, o ataques inesperados de los indios): que los gauchos abandonen su código tradicional y se acojan a la ley escrita, siempre y cuando la ley escrita sea la misma para todos y se formule en la voz del gaucho. Pero no de cualquier gaucho, sino del gaucho que sabe, del padre/amigo que da consejos, y a partir de los principios mismos del código gaucho, expresado en máximas de un saber que el Hernández del prólogo no duda en calificar de universal.[8]

Para muchos, en ese manual de autoayuda para gauchos civilizados conocido como *La vuelta de Martín Fierro*, el protagonista no sólo vuelve (de la barbarie) sino que se marcha, traicionando los principios que encarnaba en *La ida*. El mismo Borges, en su etapa más criollista y, por qué no, populista, la de *El tamaño de mi esperanza* (1926), denunciaba: «Hernández, gran federal que militó a las órdenes de don Prudencio Rozas, exfederal desengañado que supo de Caseros y del fracaso del agauchamiento de Urquiza, no alcanzó a morir en su ley y lo desmintió al mismo Fierro con esa palinodia desdichadísima que hay al final de su obra y en que hay sentencias de esta laya: "Debe el gaucho tener casa / Escuela, Iglesia y derechos". Lo cual ya es puro sarmientismo». Borges desliza la acusación del personaje al autor, quien todavía en 1872, año de publicación de *La ida*, era seguidor del caudillo López Jordán y adversario tenaz de Sarmiento, y tenía precio puesto a su cabeza, pero que en 1878, cuando trabaja en *La vuelta*, era dipu-

---

8. «Qué singular es, y qué digno de observación, el oír a nuestros paisanos más incultos, expresar en dos versos claros y sencillos, máximas y pensamientos morales que las naciones más antiguas, la India y la Persia, conservaban como el tesoro inestimable de su sabiduría proverbial; que los griegos escuchaban con veneración de boca de sus sabios más profundos, de Sócrates, fundador de la moral, de Platón y de Aristóteles [...] y que se hallan consagrados fundamentalmente en los códigos religiosos de todos los grandes reformadores de la humanidad.»

tado provincial, y senador desde 1881 hasta su muerte. Pero lo que sucedió no fue tanto que Hernández «se pasó de bando» sino que ya no había bandos. Tras la resolución del conflicto entre Buenos Aires y las provincias, la clase gobernante supo formar un frente único, sin fisuras. Desaparecido el indio, liquidada la montonera, la denuncia de *La ida* ya no tenía razón de ser, y la nueva misión que se propuso Hernández fue la de incorporar al gaucho a la economía rural, en lugar de descartarlo como proponían Sarmiento y su grupo, quienes no confiaban en la aptitud del criollo para el trabajo productivo y proponían reemplazarlo por el inmigrante. Hernández y su grupo se empeñaron en salvar al gaucho, y la única salida era domesticarlo. En el futuro de Fierro había dos opciones: Don Segundo Sombra o Moreira.

¿Por qué permite Hernández que Fierro mate al Moreno en el canto VI de *La ida*? Si su propósito era dar un retrato positivo del gaucho, le salió el tiro por la culata: la escena nos presenta un borracho pendenciero que, no mediando provocación alguna, insulta a una negra y a un negro con burdas alusiones racistas; a éste, cuando responde, lo mata como a un perro, y no contento con eso se plantea la idea de hacer callar a la negra a sopapos porque lo molestan los gritos con que llora al muerto. Así considerada, la escena parece concebida para ilustrar las tesis de Sarmiento, no las de Hernández. Pero hay que tener en cuenta que, tanto en la poesía narrativa como en el cine, una toma o una escena nunca deben considerarse aisladas sino en función de las que la preceden y la siguen. Reconstruyamos pues la secuencia: Fierro había sido arrancado de su casa en una leva, en la cual se dejó arriar por ser gaucho manso; fue confinado tres años en la frontera, donde no le pagaron un cobre; desertó, volvió a su lugar de origen y descubrió que su vida había desaparecido: su mujer había tenido que irse con otro, y sus hijos estaban dispersos: «No hallé ni rastro del rancho, / Sólo estaba la tapera! / Por Cristo, si aquello era / Pa enlutar el corazón— / Yo juré en esa ocasión / Ser más malo que una fiera». Sin familia, sin dinero, perseguido por la justicia, concurre a un baile y, con la alegría de volver a ver a sus amigos, se emborracha y «Como nunca, en la ocasión / Por peliar me dio la tranca, / Y la emprendí con un negro / Que trujo una negra en ancas».

Primera aclaración: Martín Fierro no es (no era) un cuchillero provocador, su vida ha sido destrozada sin razón, y en su desesperación la emprende con el primero que pasa. Comenzada la pelea, todo remilgo ético desaparece en la urgencia del combate, y su ser entero se concentra, para darse valor, en la burla y el menoscabo del adversario, «Ahi nomás pegó el de hollín / Más gruñidos que un chanchito», en la comprensible exaltación ante el golpe bien dado, «Y en el medio de las aspas / Un planazo le asenté, / Que lo largué culebriando / Lo mesmo que buscapié», hasta la extática conclusión, «Por fin en una topada / En el cuchillo lo alcé, / Y como un saco de güesos / Contra un cerco lo largué. // Tiró unas cuantas patadas / Y ya cantó pa el carnero–», y entonces, en mitad de la estrofa, el brutal anticlímax: «Nunca me puedo olvidar / De la agonia de aquel negro». Entendemos en ese momento (nuestro cuerpo entiende en ese momento) que todo lo anterior era una preparación para ese baldazo de agua fría: Fierro nos mete en la pelea, nos hace vivir vicariamente el júbilo de matar al adversario, y luego nos tira el cadáver sobre la mesa para que nos hagamos cargo.

La culpa de esta muerte lo perseguirá siempre, como declaran las estrofas siguientes: «Y dicen que dende entonces / Cuando es la noche serena, / Suele verse una luz mala / Como de alma que anda en pena. // Yo tengo intención a veces / Para que no pene tanto / De sacar de allí los güesos / Y echarlos al camposanto». Entiendo la mención a la luz mala como rasgo psicológico más que antropológico: su valor en el poema es significar la culpa de Fierro más que las supersticiones de los gauchos. Ninguna de las otras muertes que Fierro comete se parece a ésta, que es la primera (antes había matado al hijo de un cacique, pero en el *Martín Fierro* los indios no cuentan). En el canto que sigue, mata a un terne (un matón), pero allí los roles se invierten, es el otro el que llega provocando e insulta a Fierro: «... al dentrar / Le dio un empeyón a un vasco– / Y me alargó un medio frasco / Diciendo "Beba cuñao" / "–Por su hermana" contesté, / "Que por la mia no hay cuidao"» .[9] Además, el terne es protegido del comandante, y escudado en esta impunidad se las da «de guapo y de peliador», así que esta vez Fierro pelea contra la autoridad (si bien en una de sus manifestaciones más marginales y subalternas) y pone las cosas en su lugar sin que medie arrepentimiento alguno después de la brutal estrofa: «Y ya salimos trenzaos / Porque el hombre no era lerdo, / Mas como el tino no pierdo, / Y soy medio ligerón, / Le dejé mostrando el sebo / De un revés con el facón». Fierro dedica el resto del canto VIII a generalidades sobre la desgracia de haber nacido gaucho, y la muerte del terne se borra de su mente y del canto. Y ya en el siguiente viene la pelea con la partida, episodio centrado en la gauchada de Cruz y no en la pila de cadáveres: «Dejamos amontonaos / A los pobres que murieron, / No sé si los recogieron / Porque nos fuimos a un rancho, / O si tal vez los caranchos / Ahi nomás se los comieron». Las muertes que siguen a la del Moreno pueden adormecer la culpa en el alma de Fierro, pero en su acumulación no hacen sino destacar su singularidad, su carácter de única muerte injustificable e injusta cometida por él. No es Hernández, entonces, quien decide que Fierro mate al Moreno: es Fierro mismo quien lo hace, y el primer sorprendido debió de ser su creador, que lo había traído al mundo para otra cosa. Si hubiera que señalar el momento en que Fierro cobra vida propia, no hay mejor que éste: al matar al Moreno, se sale del esquema de Hernández, deja de ser el inocente gaucho perseguido que el folleto requería, y se convierte en homicida de alguien que está todavía más abajo que él en la escala social. El personaje cobra no sé si vida propia pero sí mucha más vida que la que el proyectado panfleto podía darle: sus actos y sus sentimientos exceden a las demandas morales e ideológicas de la forma panfleto, y Hernández se ve obligado a construirle un poema.[10]

9. La esgrima verbal gira alrededor del carácter reversible del término «cuñado»: o el terne se benefició a la hermana de Fierro, o Fierro a la del terne.

10. Lo dicho hasta ahora supone que Hernández venía componiendo su panfleto contra el Ministerio de Guerra de forma lineal y, al llegar a canto VI, Fierro mató al Moreno y se convirtió en un personaje de tres dimensiones. Pero Martínez Estrada, deteniéndose sobre todo en la forma poética, conjetura que los cantos VII y VIII (la pelea con el Moreno y con el terne) fueron los primeros

A la política partidaria, que pide a la literatura poco más que símbolos para la acción y argumentos para la persuasión inmediata, le venía mejor (más cómodo) un Fierro que matara solo a individuos como el terne y los soldados de la partida; un Moreira, en suma. La muerte del Moreno abre el texto a un sentido más contradictorio y complejo, propio de la literatura política; nos recuerda que la respuesta más habitual de los oprimidos no es tanto reaccionar contra la autoridad como buscar un inferior al que oprimir a su vez: un indio, una mujer, un negro.

La muerte del Moreno perseguirá a Fierro hasta el final de su vida y a su creador hasta el final del poema. Sería quizá exagerado decir que el espectro del Moreno es lo que obligó a Hernández a escribir una segunda parte, pues sin duda el éxito de la primera tuvo que ver, pero podemos conjeturar que supo hacia dónde debía dirigirse cuando comprendió que la muerte del Moreno abría un abismo que debía cerrarse o al menos redondearse: es el puente argumental más firme entre *La ida* y *La vuelta*, lo que redime al poema de la forma episódica de tantos ejemplos del género y lo inclina hacia las formas más cerradas y causalmente complejas de la novela. La muerte del Moreno no podía quedar impune desde el punto de vista artístico, además de ético. Así pues, en la segunda parte aparece el hermano de éste, que ha jurado vengarlo y desafía a Fierro a una payada o competición de canto. En la economía moral del poema, este duelo de guitarras corresponde al duelo de cuchillos de la primera parte y, como revisión ideológica de ésta, propone la resolución pacífica (dialogada) de las disputas.

---

de *La ida* en escribirse. Hernández, según Martínez Estrada, habría empezado su panfleto por la denuncia de la vida en el fortín, escribiendo lo que son hoy los cantos XXVII y XXVIII de *La vuelta*, en los que Picardía cuenta su vida en la frontera, y que tanto se parecen a la versión de Fierro en los cantos III y VI de *La ida,* que muchos críticos, con Lugones a la cabeza, consideran redundantes. Llegado este punto, «soñó» la pelea con el Moreno y se dio cuenta de que debía reescribir el poema, y los dos cantos iniciales fueron dejados de lado hasta que decidió reinsertarlos en *La vuelta*.

En «La poesía gauchesca», Borges alaba los versos que dan cuenta de la parsimonia de Fierro al alejarse del lugar de la muerte, al tiempo que deplora los consejos de *La vuelta*, «La sangre que se redama / No se olvida hasta la muerte– / La impresión es de tal suerte, / Que a mi pesar, no lo niego– / Cai como gotas de fuego / En la alma del que la vierte», y comenta: «La verdadera ética del criollo está en el relato: la que presume que la sangre vertida no es demasiado memorable, y que a los hombres les ocurre matar». Como regla general es indudable que Borges tiene, una vez más, razón: lo menos interesante del *Martín Fierro* son esas moralidades que pretende servirnos, pero tal vez no eligió el mejor ejemplo. Estos versos aparecen en el canto XXXII, el de los consejos, y cabría considerarlos generales y abstractos, pero vienen a continuación del encuentro de Fierro con el hermano del Moreno, que acaba de recordarle las consecuencias de sus actos: «Y si otra ocasión payamos / Para que esto se complete, / Por mucho que lo respete / Cantaremos si le gusta– / Sobre las muertes injustas / Que algunos hombres cometen». Cuando Fierro habla de la sangre que «Cai como gotas de fuego» no está pensando en el asesinato en general, ni siquiera en las muchas muertes que él obró, piensa en la sangre del Moreno. El mismo Borges lo entiende así en su cuento «El fin»,[11] donde da al poema el final que pide y merece: tras despedirse de sus hijos, Fierro vuelve a la pulpería donde el hermano del Moreno se ha quedado esperando, y éste le da muerte en un duelo en regla. Josefina Ludmer lee aquí una revisión ideológica del poema: en «El fin», propone, «Borges enfrenta a Hernández consigo mismo; a *La vuelta* con la lógica de *La ida*. Allí el negro que perdió la payada mata al héroe Martín Fierro y hace justicia otra vez. Esta vez, desde más abajo que el gaucho». Borges, en otras palabras, rebarbariza y desarmientiza *La vuelta* y acalla «la desdichadísima palinodia» que había denunciado en *El tamaño de mi esperanza*.

<hr>

11. «La poesía gauchesca» se publica originalmente en *Discusión* en 1932. «El fin» se agrega a *Ficciones* en 1956.

La amistad de Cruz y Fierro no es de esas que nacen poco a poco y con los años; se crea, entera y completa, en un instante: Cruz no puede dejar de hacerse amigo del desconocido por el cual ha arrojado, junto con el quepís, su vida entera por el suelo; Fierro no puede sino ser amigo hasta la muerte del hombre que ha hecho semejante sacrificio por él antes de haberlo conocido siquiera. Primero se hacen amigos para siempre, después empiezan a conocerse.

También esta relación merece la reprobación de Martínez Estrada, quien echa en cara a Fierro que Cruz le importa más que su mujer y sus hijos, de los que sólo se acuerda una vez que el otro ha muerto. Uno podría tratar de justificarlo —ante Martínez Estrada, al menos, cuya capacidad de desaprobación es temible— recordándole que las guerras y el trabajo en el campo mantenían a los hombres en un mundo de hombres, alejados de su familia. Lo indudable es que *Martín Fierro* funda o cimenta el mito de la amistad argentina, y justifica y tal vez motiva las posteriores palabras de Borges: «Aquí en la Argentina la amistad es quizá más importante que el amor».[12] La imagen más fuerte que nos deja el poema no es la del amor de Fierro y su innominada mujer, ni la relación de Fierro y sus hijos, sino la amistad de Fierro y Cruz. Para los argentinos, al menos como ideal, y por ahora, la amistad no es un medio sino un fin en sí mismo. Que un amigo pueda entregar a otro a la ley no sólo nos parece moralmente reprobable, nos resulta, como bien señala Borges, «incomprensible». Las instituciones de encierro como la cárcel y el servicio militar, desde las formas primitivas de los tiempos de Fierro hasta las modernas que recorrieron el siglo xx, se dedican sistemáticamente a combatir todo rastro de solidaridad o hermandad entre los presos o entre los soldados. En sus tres años en el fortín, Martín Fierro no hace un solo amigo; siempre lo vemos solo. La amistad sólo es posible entre desertores: Fierro ya lo era, Cruz se hace desertor para poder ser su amigo. Su amistad se basa en un gesto de rechazo radical por todo el mundo social, la ley y el Estado, y no debe ser casual

12. Citado por Norman Thomas di Giovanni, traductor de Borges, en *La lección del maestro*.

que se desarrolle entera en el mundo de los indios. Cuando Cruz muere, es hora de volver.

A diferencia del *Facundo*, el *Martín Fierro* no es un libro de dicotomías insalvables: siempre anda buscando terceras posiciones. Al dilema «ley o no ley» al que se enfrenta Fierro y que se resuelve en una aceptación condicionada (se acepta la ley si es igual para todos y si se formula en la voz del gaucho), se agrega la alternativa «hecha la ley, hecha la trampa». Con ella entra un nuevo género al poema, la picaresca, y dos nuevos personajes, el viejo Vizcacha y Picardía. El primero, inmortalizado por uno de sus consejos que hoy es refrán, «Hacete amigo del Juez / No le des de qué quejarse», es presentado en el relato del Hijo segundo, de quien fuera tutor: era un viejo «… medio cimarrón, / Muy renegao, muy ladrón»; animal desde el nombre, vive solo, rodeado de perros entre los cuales duerme amontonado, no se relaciona con los otros paisanos, les escupe en el asado para que nadie sino él pueda comerlo, mata ganado ajeno, roba cuando y cuanto puede. Vizcacha es, de alguna manera, el reverso de Cruz: rompe la alianza con sus pares y la establece, no ya con la ley, sino con los representantes de la ley, y justamente para escaquearse de la ley. Si el juez y la policía están por encima de la ley, el amigo del juez está por debajo o al costado, y así, también, se sustrae a sus efectos.

Picardía se presenta, en un principio, como una opción muy distinta: él no se hace amigo del juez, no es un adulador (justamente uno de ellos, «el ñato», se convierte en su enemigo tenaz): es un huérfano, un despojado, el pícaro que aprende a sobrevivir. No respeta ni a la ley ni a las autoridades, pero tampoco se enfrenta a ellas. Hace trampa. Lo suyo es el juego, y éste, para el jugador, es un juego de saber, no de azar («El que no sabe, no gana»). Pero en el juego despoja a sus iguales, o aun a aquellos que percibe como inferiores («un nápoles mercachifle»), y esto lo pone a merced de la ley. El ñato le exige una tajada: «Yo habia ganao, es verdá, / Con recursos, eso sí; / Pero él me ganaba a mí / Fundao en su autoridá». Esta ética para tahúres encuentra su culminación en el canto XXIV, en el cual Picardía hace una llamativa equiparación entre jugar y

27

votar: el ñato pretende obligar a todos a votar «… por la lista / Que ha mandao el Comiqué», y esta vez Picardía se le planta: «En las carpetas de juego / Y en la mesa electoral, / A todo hombre soy igual, / Respeto al que me respeta; / Pero el naipe y la boleta / Naides me la ha de tocar». La analogía puede sorprender si olvidamos que el fraude no era una eventualidad sino la manera habitual de hacer política hasta la sanción de la ley Sáenz Peña en 1912. En la frontera se asocia con un oficial apodado «la Bruja» para escamotear las provisiones de sus compañeros, y si bien denuncia, en el poema, la mecánica de despojo, él es parte de esa mecánica. ¿En qué se diferencian, entonces, el «… siempre es güeno tener / Palenque ande ir a rascarse», de Vizcacha, y el «Siempre es mejor el jogón [fogón] / De aquel que carga galones», de Picardía? O, por formularlo de otra manera, ¿cuánto tiempo pasará hasta que Picardía se convierta en Vizcacha? Tarde o temprano la ley detectará la trampa y le hará la «oferta que no podrá rechazar»: la cárcel (el infierno que ha destruido al Hijo mayor) o la traición (convertirse en adulador, delator o soldado). A Picardía, según su relato, lo salva el hecho de enterarse de que es hijo de Cruz: «Puedo decir ande quiera / Que si faltas he tenido / De todas me he corregido / Dende que supe quién era»; y Cruz, ya sabemos, es el que cayó en la trampa y después logró salir. El encuentro con Fierro, a quien Cruz le había encargado el huérfano, lo confirma en este camino: en la economía del poema, los sobrios consejos de este padre putativo son el reverso exacto de los consejos embriagados de Vizcacha: cómo integrarse sin venderse y, lo que es más importante, sin traicionar a los suyos: «Los hermanos sean unidos, / Porque ésa es la ley primera» corrige a «El primer cuidao del hombre / Es defender el pellejo».

Éste es el lado oscuro de «nuestro pobre individualismo», contra el cual nos previene Hernández: el argentino corre el riesgo de convertirse en un «comprensible canalla», no ya por su fe ciega en la ley y el orden, sino por pasarse de individualista, por creer que podrá siempre escurrir el bulto a la ley en lugar de plantársele, y por desconocer el código ético que lo liga a sus pares. Por eso, en *La vuelta*, la picardía es explícitamente condenada y nada menos que por boca de Fierro: «Nace el hombre con la astucia /

Que ha de servirle de guía– / Sin ella sucumbiría, / Pero sigún mi esperencia– / Se vuelve en unos prudencia, / y en los otros picardía».

Hernández realiza en *La vuelta* una defensa del lenguaje «bajo» o «inculto» de su poema (incultura que nos cuesta percibir y aun concebir, pues el lenguaje del *Martín Fierro* se lee hoy como literario en grado sumo). En el prólogo, tras su tediosa enumeración de las enseñanzas morales que el poema deparará a la población campesina, señala que un libro que revelara todo eso «levantaría el nivel moral e intelectual de sus lectores aunque dijera *naides* por nadie, *resertor* por desertor, *mesmo* por mismo, u otros barbarismos semejantes; cuya enmienda le está reservada a la escuela, llamada a llenar un vacío que el poema debe respetar, y a corregir vicios y defectos de fraseología, que son también elementos de que se debe apoderar el arte para combatir y extirpar males más fundamentales y trascendentes...».

Se percibe en el fraseo cierta tensión y cierto desabrimiento: Hernández concede, a regañadientes, que la escuela podrá «corregir» y «enmendar», y no termina de decirlo que declara que el poema tiene cosas más importantes que hacer, tales como elaborar artísticamente esos «vicios» y «defectos» del habla para mejor realizar su tarea educativa. En el párrafo siguiente cobra confianza y es todavía más contundente: «El progreso de la locución no es la base del progreso social, y un libro que se propusiera tan elevados fines debería prescindir por completo de las delicadas formas de la cultura de la frase, subordinándolas a las imperiosas exigencias de sus propósitos moralizadores, que serían en tal caso el éxito buscado».

Hasta aquí la justificación es fundamentalmente moral: para que los gauchos acepten el código que se les propone, debe estar formulado en su lenguaje y en la voz de uno de ellos; ésta es la alianza que según Ludmer hace posible el género. Habiendo dejado sentada su razón moral, Hernández dedica un párrafo a la justificación estética de sus opciones lingüísticas: «Los personajes colocados en escena deberían hablar en su lenguaje peculiar y propio, con su originalidad, su gracia y sus defectos naturales; porque, despojados de ese ropaje, lo serían igualmente de su carácter típico, que es lo único que los hace simpáticos, conservando la imitación y la verosimilitud en el fondo y en la forma».

En todo esto no debemos pasar por alto una frase fundamental: «El progreso de la locución no es la base del progreso social», idea que choca con una de las premisas de nuestra tradición educativa, la que supone que una de las funciones ineludibles de la educación es «enseñar a hablar y escribir correctamente». Tan arraigada está en nuestra conciencia burguesa esta identificación entre corrección lingüística y legitimidad social que una frase mal hecha o una palabra mal escrita nos producen un dolor casi físico y desacreditan automáticamente no ya la expresión, sino incluso las ideas y los valores de quien las haya pronunciado o escrito. Un candidato a gobernador dice: «El peronismo triunfará conmigo o sinmigo», y eso basta para desacreditar su candidatura; durante la guerra de las Malvinas un grupo nacionalista tapiza las paredes con un póster en el que se lee: «Qué hará usted cuando su hijo le pregunte: "¿Qué hicistes en la guerra, papá?"», y todos deploran el error gramatical antes que la insidia de la pregunta; el protagonista de la novela *Dos veces junio*, de Martín Kohan, un joven de clase media que hace el servicio militar durante la dictadura, encuentra en un cuaderno la frase de un superior: «¿A partir de qué edad se puede empesar a torturar a un niño?», y su dilema moral se reduce a la cuestión de si debe o no corregir el error ortográfico.

El *Martín Fierro* es uno de los pocos libros nacionales, y quizá nuestro único clásico, escrito en la «lengua del proscrito» (como Joyce llama al inglés de Irlanda en su *Ulises*), una lengua baja, rural, escrita para enaltecer a quienes la hablan, no para hacer reír a los cultos a su costa. Y así llega a convertir la lengua inculta en norma.

Martín Fierro traza la línea divisoria entre dos tipos de bárbaros: los gauchos y los indios. Los primeros son recuperables; los segundos, no. Sarmiento había condenado a ambos; Hernández entrega al indio para salvar al gaucho. Es evidente que los indios no le merecían la menor simpatía. Hay, de todos modos, un añadido de cruel-dad y desprecio que lo distingue: sospechoso de barbarófilo por su defensa del gaucho en *La ida*, y por su participación en las últimas montoneras, debe lavar su imagen, y decide hacerlo con sangre de indio. Hay algo en él de la furia del converso. Pero todo esto dice más de Hernández que de Fierro. Si es cierto lo que sentimos al leer el poema —que Fierro es un personaje vivo, autónomo, y no una mera marioneta de su autor—, deberíamos buscar razones en el personaje mismo. En esta presentación del indio y su mundo, ¿qué pertenece a Fierro y qué a Hernández?

En *La ida*, la mirada sobre el indio evidencia importantes vai-venes. En el canto III, Fierro, a la sazón sirviendo en la frontera, opina: «Naides le pida perdones / Al Indio, pues donde dentra, / Roba y mata cuanto encuentra / Y quema las poblaciones», y tras la invasión, «Se llevaban las cautivas, / Y nos contaban que a veces / Les descarnaban los pieses / A las pobrecitas vivas». Pero diez cantos después ha cambiado completamente: «Yo sé que allá los caciques / Amparan a los cristianos, / Y que los tratan de "Her-manos" / Cuando se van por su gusto–», «Allá habrá siguridá / Ya que aquí no la tenemos, / Menos males pasaremos / Y ha de haber grande alegría / El dia que nos descolguemos / En alguna toldería».

Estos vaivenes, queda claro, no son los del autor sino los del personaje, y tienen más de psicológico que de ideológico. La situación de Hernández no ha cambiado, sí la de Fierro. Cuando estaba obligado a servir en la frontera, en lugar de habérselas con los militares o los jueces, se las tenía con los indios, como si la culpa de que debiera estar ahí fuera de ellos (y desde su lógica así era, sin duda). Pero vuelto fugitivo, y decidido a refugiarse entre ellos, y necesitado de dorarle la píldora a Cruz para convencerlo de que se vaya con él, es natural, casi inevitable, que los pinte con colores más halagüeños: en los campamentos indios sí que reina la edad de oro, sin trabajo ni patrones: «Allá no hay que trabajar, / Vive uno como un señor– / De cuando en cuando un malón– / Y si de él sale con vida, / Lo pasa echao panza arriba / Miran-do dar güelta el sol». Hasta acá, sin duda, es el personaje el que manda.

Pero luego la realidad cambia tanto para el personaje como para el autor. Con la Conquista del Desierto, como eufemísticamente se designó y se sigue designando al genocidio de la población indígena llevado a cabo por el ejército argentino entre 1879 y 1885, la civilización occidental, o sea, el capitalismo, ocupa el espacio entero del territorio nacional. Ya no hay frontera, ni mucho menos zonas liberadas. Lejos de deplorar esta pérdida, *La vuelta* la celebra: aquello que se perdió no valía la pena conservarlo, y Fierro escribe su desengaño en estrofas que parecen arrastrar un deliberado eco verbal de las anteriores, como si se castigara por haber sido tan crédulo: «Allá no hay misericordia / Ni esperanza que tener– / El Indio es de parecer / Que siempre matar se debe / Pues la sangre que no bebe– / Le gusta verla correr».

Si el Fierro de *La ida* veía en el desierto el ámbito utópico de la libertad incondicionada, el afuera de la civilización («Y hasta los indios no alcanza / la facultá del Gobierno»), en *La vuelta* sufre una decepción: la vida entre los indios no es la Jauja que creía, recelan de ellos apenas llegan, los toman por espías, les quitan los caballos y los cautivan, obligándolos a vivir separados durante dos años; luego les permiten retirarse «a la orilla de un pajal», donde viven bajo dos cueros, «Tristes como un cementerio / Al toque de la oración»: ni viven como señores, ni se pasan el día «echaos panza arriba», ni mucho menos encuentran «una china que se apiade de nosotros». Pero hay otra decepción más decisiva: el mundo de los indios está desapareciendo, ha pasado de ser una utopía en el sentido simbólico (tierra de promisión) a ser una utopía en el sentido literal (no hay tal lugar), lo que convierte la condena de Fierro en una versión rabiosa de la fábula de la zorra y las uvas. Es como si los indios lo hubieran estafado: por culpa de ellos ahora debe volver y hacerse peón.

Más allá de las citas puntuales, lo decisivo es la ubicación del «momento indio» en la secuencia narrativa. Los cantos I-X de *La vuelta*, que cuentan la estancia de Fierro entre los indios, son la bisagra del poema, bisagra narrativa, moral y política: «Pues infierno por infierno / Prefiero el de la frontera», resume Fierro cuando concluye. La frontera es un doble infierno, y sólo desaparecerá cuando desaparezcan los indios. Como señala David Viñas en su

Indios, ejército y frontera: «Martín Fierro se enfrenta a un problema policial con "La partida"; en el que, incluso, se produce "el pase" de Cruz —tránsito posible. [...] Los indios, por el contrario, se topan con un conflicto militar donde las conversiones en el campo de batalla son impensables». O dicho de modo un poco más brutal: si el hijo del cacique en *La ida* o el indio infanticida en *La vuelta* hubieran ofrecido «pasarse» del lado de Fierro, éste se los habría cargado de todos modos. Esto es lo que diferencia un conflicto racial de uno cultural, religioso o político: el federal puede volverse unitario; el gaucho fugitivo, gaucho bueno; el judío español, convertirse. Pero cuando la definición del enemigo es racial, no hay conversión posible, y la única alternativa es la esclavitud, la expulsión o la masacre.

El conflicto era racial pero se decía religioso: la oposición declarada era «cristiano/indio», y también «cristiano/infiel», antes que «blanco/indio», porque un criterio exclusivamente racial dejaría al gaucho, generalmente mestizo, en un lugar ambiguo, y era necesario que el gaucho se afirmara en la diferencia religiosa y purgara su indefinición racial, blanqueándose un poco más con cada indio que mataba. Hernández, como los españoles antes que él, ejecuta en nombre de la religión una condena racial, que se justifica porque, en su visión, el indio es esencialmente infiel, no es sujeto al que pueda convertirse: «Odia de muerte al cristiano, / Hace guerra sin cuartel— / Para matar es sin yel, / Es fiero de condición— / No gólpea la compasión / En el pecho del infiel». La condena, en última instancia, no es suya ni de los suyos, sino de Dios, como leemos en *La vuelta*: «Parece que a todos ellos / Los ha maldecido Dios», «Y como ni a Dios veneran / Nada a los pampas contiene—». Por eso, matarlos es una cruzada: «Empezó a hacer morisquetas / Y a mezquinar la garganta... / Pero yo hice *la obra santa* / De hacerlo estirar la jeta» (la cursiva es mía).

Pero ni siquiera con la oposición blanco/indio se contentan Hernández y Fierro, y van por más: «Es para él como juguete / Escupir un crucifijo— / Pienso que Dios los maldijo / Y ansina el ñudo desato; / El indio, el cerdo y el gato, / Redaman sangre del hijo». Así se completa la operación: el «nudo» o quid de la cuestión

33

es que si el indio no es cristiano, tampoco es humano, pertenece al reino animal: «Y el indio es como tortuga / De duro para espichar». «En el desierto no habrá / Animal que él no lo entienda– / Ni fiera de que no aprenda / Un istinto de crueldá», tanto que no comparte con los seres humanos verdaderos un rasgo distintivo, la risa: «El indio nunca se ríe / Y el pretenderlo es en vano, / Ni cuando festeja ufano / El triunfo en sus correrías– / La risa en sus alegrías / Le pertenece al cristiano». En última instancia, el indio es irrecuperable: «Es tenaz en su barbarie, / No esperen verlo cambiar, / El déseo de mejorar / En su rudeza no cabe– / El bárbaro sólo sabe / Emborracharse y peliar», «El indio es indio y no quiere / Apiar de su condición, / Ha nacido indio ladrón / Y como indio ladrón muere». Por eso Fierro puede celebrar sin tapujos el genocidio: «Pero si yo no me engaño / Concluyó ese vandalaje, / Y esos bárbaros salvajes / No podrán hacer más daño. // Las tribus están desechas; / Los caciques más altivos / Están muertos o cautivos / Privaos de toda esperanza, / Y de la chusma y de lanza, / Ya muy pocos quedan vivos».

Esta secuencia culmina con el martirio de la cautiva de los cantos VIII y IX, azotada por el indio para que confesara que ha echado *gualicho* a su cuñada, luego: «La dio vuelta de un revés / Y por colmar su amargura, / A su tierna criatura / Se la degolló a los pies–», ante lo cual Fierro, temeroso quizá de que su auditorio lo acuse de haber cargado un tanto las tintas, se cree obligado a aclarar: «Esos horrores tremendos / No los inventa el cristiano– / Ese bárbaro inhumano, / Sollozando me lo dijo, / "Me amarró luego las manos / Con las tripitas de mi hijo"».

El impulso que entonces arrebata a Fierro es análogo al que arrebató a Cruz en *La ida*: «Yo no sé lo que pasó / En mi pecho en ese istante, / Estaba el indio arrogante / Con una cara feroz: / Para entendernos los dos / La mirada fue bastante». La pelea subsiguiente es una de las secuencias más memorables del poema; en ella, la cautiva, lejos del estereotipo hollywoodense de la damisela en apuros, interviene con decisión y salva a Fierro en un momento crítico; luego, en una precisa coincidencia entre providencia divina y justicia poética, el salvaje resbala sobre el cadáver del niño muerto, permitiéndole a Fierro cortarlo dos veces y luego acabarlo. En la economía moral y política del poema, este arrebato de Fierro invierte y corrige el de Cruz, obligándolo a un nuevo cruce de la frontera, esta vez en la dirección correcta. Fierro y la cautiva cruzan el desierto para entrar en la tierra prometida: «Y en humilde vasallaje / A la majestá infinita, / Besé esta tierra bendita / Que ya no pisa el salvaje».

Parece difícil discutir, por todo esto, que el *Martín Fierro* es un poema racista, aunque para ello debamos vencer fuertes resistencias. Éste es el problema de canonizar no ya el *Martín Fierro* sino cualquier texto: automáticamente le pedimos que sea moralizante, que sea ejemplificador, que coincida punto por punto con nuestras premisas ideológicas y políticas. Y entonces, para no condenar el *Martín Fierro*, terminamos condenando a los indios.

Hay quienes argumentarán que estos sentimientos eran «naturales» en aquella época y en estos personajes, y que no podemos «juzgar el poema con criterios actuales». Cierto. Pero podemos juzgarlo con criterios contemporáneos. En *Una excursión a los indios ranqueles*, Lucio V. Mansilla presenta una imagen no estereotipada ni demonizada de los indios: los suyos pueden ser a veces violentos y hediondos y hablar en gerundio, pero otras veces son pulcros y pacíficos y hablan perfecto castellano; su sistema de gobierno es sofisticado y organizado, las tiendas son menos sucias y promiscuas que el rancho del gaucho, y las estancias manejadas por indios son tan eficientes como las de los blancos.

El problema, entonces, es que nuestro «poema nacional» parece no sólo excluir sino recomendar el exterminio de un grupo de argentinos, nada menos que los pobladores originarios. Y ni siquiera tenemos el consuelo de que sea un poema malo, como *La cautiva* de Echeverría: las secciones sobre los indios son de las mejores y más convincentes. No se trata de condenar a Hernández ni a Fierro: el problema es qué hacemos con esto, si es cierto que canonizar a *Martín Fierro*, como propuso Borges, en buena medida determinará la realidad en que vivimos. No dispongo de información de primera mano al respecto, pero no hace falta tener mucha imaginación para conjeturar lo que debe de sentir un indio argentino al leer estas secciones del poema. Los revisionistas quieren ver en *Martín Fierro* una reivindicación de la barbarie, pero Hernández es uno de los que más se esmera en separar a los gauchos de los indios. El que los metía en la misma bolsa era Sarmiento. Hernández lo corrige con pedagógica paciencia: a los indios hay que matarlos, de acuerdo, pero a los gauchos no hace falta, podemos reeducarlos.

Harold Bloom, en el capítulo sobre *El mercader de Venecia*, quizá el más admirable de su *Shakespeare. La invención de lo humano*, comenta: «Tendría uno que ser ciego, sordo y tonto para no reconocer que la grandiosa y equívoca comedia de Shakespeare *El mercader de Venecia* es sin embargo una obra profundamente antisemita». Y agrega: «Hubiera sido mejor para los judíos, si no para la mayoría de los públicos de *El mercader de Venecia*, si Shylock hubiera sido un personaje menos visiblemente vivo». Casi idénticas palabras podrían decirse de *Martín Fierro* y los indios: tendría uno que ser ciego, sordo o nacionalista para no reconocer que el grandioso poema de Hernández es profundamente racista. Hubiera sido mejor, sin duda, para los indios, si Martín Fierro y su lenguaje hubieran sido menos vivos.

¿Debemos por eso dejar de leerlo? La pregunta es retórica, por supuesto. La respuesta la da el mismo Bloom con una cita de James Shapiro, autor de *Shakespeare and the Jews*: «Apartar la mirada de lo que la obra revela sobre la relación entre mitos culturales e identidades de las gentes no hará desaparecer las actitudes irracionales y excluyentes. De hecho, esos impulsos oscuros siguen siendo tan elusivos, tan difíciles de identificar en el curso normal de las cosas, que sólo en ciertas ocasiones como los montajes de esta obra logramos vislumbrar estas líneas de fractura culturales. Por eso censurar la obra es siempre más peligroso que representarla».

Y por eso, sin duda, debemos seguir leyendo el *Martín Fierro*. Pero ya no, como quería Lugones, como poema épico, ni mucho menos, como quería su autor, como texto edificante y didáctico. ¿Cómo, entonces? Si bien Borges y los nacionalistas, en sus ataques cruzados, sabiamente no se meten en el tema de los indios, la conclusión de Borges sigue siendo la más adecuada: lo mejor es leer el *Martín Fierro* como novela, como compendio fechado y a la vez vigente de nuestras características deseables y detestables, de nuestro pobre individualismo y de nuestras imposibilidades. Si vamos a tomarlo como un oráculo, debemos aprender a hacer bien las preguntas y a descifrar las respuestas, a sabiendas de que no todas serán reconfortantes.

CARLOS GAMERRO

Martín Fierro

EL GAUCHO MARTÍN FIERRO
(1872)

CARTA A JOSÉ ZOILO MIGUENS

Querido amigo:

Al fin me he decidido a que mi pobre «Martín Fierro», que me ha ayudado algunos momentos a alejar al fastidio de la vida del hotel, salga a conocer el mundo, y allá va acogido al amparo de su nombre.

No le niegue su protección, Ud. que conoce bien todos los abusos y todas las desgracias de que es víctima esa clase desheredada de nuestro país. Es un pobre gaucho, con todas las imperfecciones de forma que el arte tiene todavía entre ellos, y con toda la falta de enlace en sus ideas, en las que no existe siempre una sucesión lógica, descubriéndose frecuentemente entre ellas apenas una relación oculta y remota.

Me he esforzado, sin presumir haberlo conseguido, en presentar un tipo que personificara el carácter de nuestros gauchos, concentrando el modo de ser, de sentir, de pensar y de expresarse, que les es peculiar, dotándolo con todos los juegos de su imaginación llena de imágenes y de colorido, con todos los arranques de su altivez, inmoderados hasta el crimen, y con todos los impulsos y arrebatos, hijos de una naturaleza que la educación no ha pulido y suavizado.

Cuantos conozcan con propiedad el original podrán juzgar si hay o no semejanza en la copia.

Quizá la empresa habría sido para mí más fácil, y de mejor éxito, si sólo me hubiera propuesto hacer reír a costa de su ignorancia, como se halla autorizado por el uso en este género de composiciones; pero mi objeto ha sido dibujar a grandes rasgos, aunque fielmente, sus costumbres, sus trabajos, sus hábitos de vida, su índole, sus vicios y sus virtudes; ese conjunto que constituye el cuadro de su fisonomía moral, y los accidentes de su existencia llena de peligros, de inquietudes, de inseguridad, de aventuras y de agitaciones constantes.

Y he deseado todo esto, empeñándome en imitar ese estilo abundante en metáforas, que el gaucho usa sin conocer y sin valorar, y su empleo constante de comparaciones tan extrañas como frecuentes; en copiar sus reflexiones con el sello de la originalidad que las distingue y el tinte sombrío de que jamás carecen, revelándose en ellas esa especie de filosofía propia que, sin estudiar, aprende en la misma naturaleza, en respetar la superstición y sus preocupaciones, nacidas y fomentadas por su misma ignorancia; en dibujar el orden de sus impresiones y de sus afectos, que él encubre y disimula estudiosamente, sus desencantos, producidos por su misma condición social, y esa indolencia que le es habitual, hasta llegar a constituir una de las condiciones de su espíritu; en retratar, en fin, lo más fielmente que me fuera posible, con todas sus especialidades propias, ese tipo original de nuestras pampas, tan poco conocido por lo mismo que es difícil estudiarlo, tan erróneamente juzgado muchas veces, y que, al paso que avanzan las conquistas de la civilización, va perdiéndose casi por completo.

Sin duda que todo esto ha sido demasiado desear para tan pocas páginas, pero no se me puede hacer un cargo por el deseo sino por no haberlo conseguido.

Una palabra más, destinada a disculpar sus defectos. Páselos Ud. por alto, porque quizá no lo sean todos los que, a primera vista, puedan parecerlo, pues no pocos se encuentran allí como copia o imitación de los que lo son realmente. Por lo demás, espero, mi amigo, que Ud. lo juzgará con benignidad, siquiera sea porque Martín Fierro no va de la ciudad a referir a sus compañeros lo que ha visto y admirado en un 25 de Mayo u otra función semejante, referencias algunas de las cuales, como en Fausto y varias otras, son de mucho mérito ciertamente, sino que cuenta sus trabajos, sus desgracias, los azares de su vida de gaucho, y Ud. no desconoce que el asunto es más difícil de lo que muchos se lo imaginarán.

Y con lo dicho basta para preámbulo, pues ni Martín Fierro exige más, ni Ud. gusta mucho de ellos, ni son de la predilección del público, ni se avienen con el carácter de
su verdadero amigo,

José Hernández
Buenos Aires, diciembre de 1872

CARTA DEL SR. HERNÁNDEZ
A LOS EDITORES DE LA OCTAVA EDICIÓN

Señores editores:

Sin ningún interés egoísta, ni aun de amor proprio siquiera, deseo a uds. un éxito feliz en su pequeña empresa.

Ojalá que el público compense con generosa protección, no el mérito de la obra que uds. van a ofrecerle, que es bien escaso ciertamente, sino sus esfuerzos y los sacrificios empleados para hacerse de ella una edición abundante y esmerada.

Permítanme uds. manifestarles ahora la confianza con que espero de su fina atención que reserven a esta carta un pequeño espacio entre las páginas del folleto, porque anhelo satisfacer en ella una deuda de gratitud que tengo para con el público, para con la prensa argentina y mucha parte de la oriental; para con algunas publicaciones no americanas, y para con los escritores que, dignándose ocuparse de mi humilde trabajo, lo han ennoblecido con sus juicios ofreciéndome a la vez, sin ellos procurarlo, la recompensa más completa y la satisfacción más íntima.

Hace apenas dos años que se hizo la primera edición de *Martín Fierro* en un pequeño número de ejemplares.

Su aparición fue humilde como el tipo puesto en escena, y como las pretensiones del autor.

Algunos diarios de Buenos Aires y de la Campaña, como *La República*, *La Pampa*, *La Voz del Saladillo* y otros, dieron cuenta al público de la aparición de aquel *gaucho*, que se exhibía cantando en su guitarra las desgracias y los dolores de su raza.

Las recomendaciones eran hechas en conceptos lisonjeros y honrosos y los resultados fueron completamente favorables.

Antes de dos meses estaba agotada la edición, tras de la que han venido otra y otras, hasta la octava o novena que uds. preparan ahora.

Y ven uds. cuán difícil me será satisfacer la deuda de agradecimiento que me impone la acogida dispensada a ese harapiento cantor del desierto.

La prenda argentina en general ha honrado también con una benevolencia obligante las trovas del desgraciado payador, y en una misma época, o sucesivamente, los cantos de *Martín Fierro* han sido reproducidos íntegros o en extensos fragmentos por *La Prensa*, *La República* de Buenos Aires, *La Prensa de Belgrano*, *La Época* y *El Mercurio* del Rosario, *El Noticiero* de Corrientes, *La Libertad* de Concordia, y otros periódicos cuyos nombres no recuerdo, o cuyos ejemplares no he logrado obtener.

Así, al consignar aquí los nombres de esos obreros del pensamiento, en que se encuentran representados todos los matices de la opinión, deseo significar con este recuerdo un legítimo agradecimiento, haciéndolo extensivo a muchos órganos de la prensa oriental, como *La Tribuna* y *La Democracia* de Montevideo, *La Constitución* y *La Tribuna Oriental* de Paysandú, que, o lo han reproducido íntegro o en parte, o lo han favorecido con sus juicios, popularizando la obra y honrando al autor.

La publicación ilustrada *El Correo de Ultramar* le brindó en sus columnas acogida que no podía ambicionar jamás esa creación humilde, nacida para respirar las brisas de la Pampa, y cuyos ecos sólo pueden escucharse, sentirse y comprenderse en las llanuras que se extienden a las márgenes del Plata.

Por lo que respecta a los escritores cuyos fallos honrosos colocan uds. al frente de la nueva edición, ellos comprenderán los sentimientos que me animan, con sólo manifestarles mi persuasión íntima de que, el éxito que pueda alcanzar en lo sucesivo, lo deberá casi en su totalidad a esos protectores, que han venido galante y generosamente a abrirle al pobre *gaucho* las puertas de la opinión ilustrada.

Ellos son autores, y de producciones ciertamente de mayor mérito que la mía, aunque de diverso género, y ellos saben por experiencia propia cuán íntima satisfacción derrama en el espíritu de quien ve su pensamiento en forma de libro, el ver ese mismo libro hojeado por los hombres de letras, honrado con su aprobación y prestigiado con su aplauso.

Aquí podría, y hasta quizá debería, poner término a esta carta, puesto que he cumplido los principales objetos que he tenido en vista; pero sea el hábito que se forma todo el que se pone en frecuentes confidencia con el público, o sea cualquiera otra razón, lo cierto es que siento la necesidad de dar expansión a mis ideas, y de dejar correr libremente el pensamiento siquiera por algunos instantes.

Quizá tiene razón el Sr. Pelliza al suponer que mi trabajo responde a una tendencia dominante de mi espíritu, preocupado por la mala suerte del gaucho.

Mas las ideas que tengo al respecto, las he formado en la meditación, y después de una observación constante y detenida.

Para mí, la cuestión de mejorar la condición social de nuestros gauchos no es sólo una cuestión de detalles de buena administración, sino que penetra algo más profundamente en la organización definitiva y en los destinos futuros de la sociedad, y con ella se enlazan íntimamente, estableciéndose entre sí una dependencia mutua, cuestiones de política, de moralidad administrativa, de régimen gubernamental, de economía, de progreso y civilización.

Mientras que la ganadería constituya las fuentes principales de nuestra riqueza pública, el hijo de los campos, designado por la sociedad con el nombre de *gaucho*, será un elemento, un agente indispensable para la industria rural, un motor sin el cual se entorpecería sensiblemente la marcha y el desarrollo de esa misma industria, que es la base de un bienestar permanente y en que se cifran todas las esperanzas de riqueza para el porvenir.

Pero ese *gaucho* debe ser ciudadano y no paria; debe tener deberes y también derechos, y su cultura debe mejorar su condición.

Las garantías de la ley deben alcanzar hasta él; debe hacérsele partícipe de las ventajas que el progreso conquista diariamente: su rancho no debe hallarse situado más allá del dominio y del límite de la Escuela.

Esto es lo que aconseja el patriotismo, lo que exige la justicia, lo que reclama el progreso y la prosperidad del país.

No se cambia en un año, ni en un siglo a veces, la planta de la riqueza pública de una Nación.

Muchas falsas teorías, muchos principios erróneos, y que eran aceptados hasta hace pocos años como axiomas a los cuales estaban obligadas a ajustarse todas los ideas, han venido a ser destruidos por los adelantos de la ciencia, y por los fantásticos progresos que el genio del hombre realiza a cada instante.

Así ha sucedido en todas las ciencias, así sucede por lo tanto en las ciencias sociales.

Sus verdaderos principios, como todos los que forman el más sólido fundamento del progreso humano, son contemporáneos de la América, unos, de la libertad de América, los más.

Antes no se admitía la idea de un pueblo civilizado sino cuando había recorrido los tres grandes períodos de pastor, agricultor y fabril.

La intransigente severidad de tales principios exigía el tránsito de un pueblo por esas tres evoluciones de la economía industrial, para discernirle el título de cultura, que de otra manera no lograba alcanzar jamás.

Un pueblo pastor significaba una sociedad embrionaria, colocada en el primer período de su formación, y elaborando lentamente en su seno los elementos que debían elevarlo en la escala de la civilización, que el error y el atraso habían graduado.

Pero tales errores no son de la época, y el progreso moderno en todas sus manifestaciones se ha encargado de disiparlos totalmente.

El vapor, dando seguridad y facilidades a la navegación, los ferrocarriles suprimiendo las distancias, el telégrafo ligando entre sí a todas las sociedades civilizadas, han convertido al mundo en un vasto taller de producción y de consumo.

La actividad de los cambios circula en las inmensas arterias de ese cuerpo formado por un planeta, con facilidad y rapidez, y sus efectos se extienden en cada grupo social hasta el más lejano de los miembros que lo componen.

Los pueblos no viven ya en el aislamiento, que los condenaba a marchar paso a paso, realizando lentamente las conquistas destinadas a asegurar su progreso y su perfeccionamiento.

Hoy, sus evoluciones son menos tardías, llevan impreso otro sello, y obedecen a otra tendencia.

En nuestra época, un país cuya riqueza tenga por base la ganadería, como la provincia de Buenos Aires y las demás del Litoral argentino y oriental, puede no obstante ser tan respetable y tan civilizado como el que es rico por la agricultura, o el que lo es por sus abundantes minas, o por la perfección de sus fábricas.

La naturaleza, de la industria, no determina por sí sola los grados de riqueza de un país, ni es el barómetro de su civilización.

La ganadería puede constituir la principal y más abundante fuente de riqueza de una nación, y esa sociedad, sin embargo, puede hallarse dotada de instituciones libres como las más adelantadas del mundo; puede tener un sistema rentístico debidamente organizado, y establecido sólida y ventajosamente su crédito exterior; puede poseer universidades, colegios, un periodismo abundante e ilustrado; una legislación propia, círculos literarios y científicos; pueden marchar formando parte de la inmensa falange de los civilizadores de la humanidad, sus publicistas, sus oradores, sus jurisconsultos, sus estadistas, sus médicos, sus poetas; y seguir de cerca las huellas de las escuelas más adelantadas sus ingenieros, arquitectos, pintores y músicos; cultivar finalmente, con igual éxito y con honroso afán, todos los demás ramos de utilidad u ornato, que forma la esfera recorrida por la actividad de la inteligencia humana en su giro infatigable y luminoso.

De estas ideas, a darle a un libro la tendencia que se ha observado en el que nos ocupa, no hay distancia que recorrer.

Sus límites se tocan visiblemente.

Terminaré en pocas palabras más.

Para abogar por el alivio de los males que pesan sobre esa clase de la sociedad, que la agobian y la abaten por consecuencia de un régimen defectuoso, existe la tribuna parlamentaria, la prensa periódica, los clubs, el libro, y por último el folleto, que no es una degeneración del libro, sino más bien uno de sus auxiliares, y no el menos importante.

Me he servido de este último elemento, y en cuanto a la forma empleada, el juicio sólo podría pertenecer a los dominios de la literatura.

Pero en este terreno, *Martín Fierro* no sigue, ni podía seguir, otra escuela que la que es tradicional al inculto payador.

Sus desgracias, que son las de toda la clase social a que pertenece, despiertan en los que participan de su destino un interés fácil de explicar; pues si la felicidad aleja, el infortunio aproxima.

¡Ojalá que *Martín Fierro* haga sentir a los que escuchen al calor del hogar la relación de sus padecimientos *el deseo de poderlo leer*!

A muchos les haría caer entonces la baraja de las manos.

A punto de terminar esta carta, recibo un periódico en que se registra una correspondencia del Dr. Ricardo Gutiérrez, datada en París, en 12 de julio último.

Interrumpí mi trabajo para leerla, aunque rápidamente, pero con el interés que me inspira cuanto sale de la pluma de ese distinguido compatriota, que parece pertenecer a aquella civilización antigua que nos admira todavía, y de la que se dijo: que todos los poetas eran sabios, y todos los sabios eran poetas.

Me permito trascribir algunos párrafos de esa correspondencia, y juzgue el lector de la oportunidad y motivo de la reproducción.

Habla el Dr. Gutiérrez:

Por todas partes donde caminamos en las capitales del mundo, nos seduce un espectáculo grandioso; cada hombre del pueblo vive de un arte, de un oficio, de una profesión; la Francia es hecha por franceses y el Brasil por los brasileros, y así cada nación culminante con todo lo que encierra y vale, desde el fondo de la alcantarilla hasta la cruz de la torre. Educar el pueblo quiere decir aquí darle medios de vida por la enseñanza del trabajo, que es el título de su significación social, el radio por el cual converge al círculo de las naciones civilizadas y su base de orden, de progreso, de aspiración y de paz; y así los europeos creen sociedades primitivas a las naciones sudamericanas porque las ven ausentes en los concursos de Exposición. El que mira sin pasión este criterio lo encuentra ajustado a la verdad, porque los arcos y flechas del Chaco y los trozos de materia bruta que hemos dado por muestra de nuestra existencia en los certámenes de las artes y la industria universales retrogradan lealmente hasta los tiempos de la conquista nuestra significación social. Allí es donde a veces ha oprimido el corazón esta bárbara pregunta:

—Y los gauchos de allá ¿son antropófagos?

—No, señor —he respondido—, son cristianos, pastores, son agricultores y jornaleros; los famosos jinetes de la tierra; son criaturas de un corazón noble y bravo, de una inteligencia sorprendente; son hospitalarios, sobrios y generosos y habituados a tan enormes trabajos rurales que son los únicos que no le sean disputados por el incesante concurso de la inmigración.

Bien, pues, creo que las figuras colocadas en escena en el *Martín Fierro* no desmienten ni contradicen esos rasgos de la fisonomía moral y del carácter distintivo de nuestros gauchos, trazados con rapidez, pero con exactitud, por el autor de los párrafos que acaban de leerse.

Termino esta, con la satisfacción de hallar de este modo robustecida y confirmada mi opinión con la de un observador prudente, a quien el espectáculo de la civilización europea no ha debilitado sus simpatías y su admiración por la naturaleza americana, con todas sus grandezas y con todos sus defectos.

Pido a uds. humildemente disculpa por la demasiada extensión que he dado a esta carta, y me ofrezco.

A. S. S.

JOSÉ HERNÁNDEZ
Montevideo, agosto de 1874

I

1   Aquí me pongo a cantar
    Al compás de la vigüela,[1]
    Que el hombre que lo desvela
    Una pena estrordinaria,
5   Como la ave solitaria
    Con el cantar se consuela.

    Pido a los Santos del Cielo
    Que ayuden mi pensamiento,
    Les pido, en este momento
10   Que voy a cantar mi historia
    Me refresquen la memoria,
    Y aclaren mi entendimiento.

    Vengan Santos milagrosos,
    Vengan todos en mi ayuda,
15   Que la lengua se me añuda
    Y se me turba la vista;
    Pido a mi Dios que me asista
    En una ocasión tan ruda.[2]

1. Guitarra.
2. Difícil.

Yo he visto muchos cantores,
20   Con famas bien otenidas,[3]
Y que después de alquiridas[4]
No las quieren sustentar:–
Parece que sin largar
Se cansaron en partidas.

25   Mas ande[5] otro criollo pasa
Martín Fierro ha de pasar,–
Nada lo hace recular
Ni las fantasmas lo espantan;
Y dende[6] que todos cantan
30   Yo también quiero cantar.

Cantando me he de morir,
Cantando me han de enterrar,
Y cantando he de llegar
Al pie del Eterno Padre–
35   Dende el vientre de mi madre
Vine a este mundo a cantar.

Que no se trabe mi lengua
Ni me falte la palabra
El cantar mi gloria labra
40   Y poniéndome a cantar,
Cantando me han de encontrar
Aunque la tierra se abra.

Me siento en el plan de un bajo[7]
A cantar un argumento–
45   Como si soplara el viento

3. Obtenidas.
4. Adquiridas.
5. Donde.
6. Desde.
7. Terreno bajo.

Hago tiritar los pastos–
Con oros, copas y bastos
Juega allí mi pensamiento.

Yo no soy cantor letrao,
50   Mas si me pongo a cantar
No tengo cuándo acabar
Y me envejezco cantando;
Las coplas me van brotando
Como agua de manantial.

55   Con la guitarra en la mano
Ni las moscas se me arriman,
Naides me pone el pie encima,
Y cuando el pecho se entona,
Hago gemir a la prima
60   Y llorar a la bordona.[8]

Yo soy toro en mi rodeo
Y torazo en ródeo ajeno,
Siempre me tuve por güeno
Y si me quieren probar,
65   Salgan otros a cantar
Y veremos quién es menos.

No me hago al lao de la güella[9]
Aunque vengan degollando,
Con los blandos yo soy blando
70   Y soy duro con los duros.
Y ninguno, en un apuro
Me ha visto andar tutubiando.[10]

En el peligro ¡qué Cristos!
El corazón se me enancha

8. Prima y bordona son cuerdas de la guitarra.
9. *No hacerse «al lao de la güella»*: (por la huella), enfrentar la suerte con valentía.
10. Titubeando.

75   Pues toda la tierra es cancha,
     Y de esto naides[11] se asombre,
     El que se tiene por hombre
     Ande quiera hace pata ancha.[12]

     Soy gaucho, y entiendaló
80   Como mi lengua lo esplica,
     Para mí la tierra es chica
     Y pudiera ser mayor,
     Ni la víbora me pica
     Ni quema mi frente el Sol.

85   Nací como nace el peje[13]
     En el fondo de la mar,
     Naides me puede quitar
     Aquello que Dios me dio–
     Lo que al mundo truje[14] yo
90   Del mundo lo he de llevar.

     Mi gloria es vivir tan libre
     Como el pájaro del Cielo,
     No hago nido en este suelo
     Ande hay tanto que sufrir;
95   Y naides me ha de seguir
     Cuando yo remonto el vuelo.

     Yo no tengo en el amor
     Quien me venga con querellas
     Como esas aves tan bellas
100 Que saltan de rama en rama–
     Yo hago en el trébol mi cama,
     Y me cubren las estrellas.

11. Nadie.
12. Hacer frente al enemigo.
13. Pez.
14. Traje (de traer).

Y sepan cuantos escuchan
De mis penas el relato
105   Que nunca péleo ni mato
Sino por necesidá;
Y que a tanta alversidá
Sólo me arrojó el mal trato.

Y atiendan la relación
110   Que hace un gaucho perseguido,
Que fue buen padre y marido
Empeñoso y diligente,
Y sin embargo la gente
Lo tiene por un bandido.

II

115   Ninguno me hable de penas
Porque yo penando vivo—
Y naides se muestre altivo
Aunque en el estribo esté,
Que suele quedarse a pie
120   El gaucho más alvertido.

Junta esperencia en la vida
Hasta pa dar y prestar
Quien la tiene que pasar
Entre sufrimiento y llanto;
125   Porque nada enseña tanto
Como el sufrir y el llorar.

Viene el hombre ciego al mundo
Cuartiándolo[15] la esperanza,

15. Ayudándolo.

Y a poco andar ya lo alcanzan
130 Las desgracias a empujones;
Jue pucha! que trae liciones
El tiempo con sus mudanzas!

Yo he conocido esta tierra
En que el paisano vivía,
135 Y su ranchito tenía
Y sus hijos y mujer.....
Era una delicia el ver
Cómo pasaba los días.

Entonces... cuando el lucero
140 Brillaba en el cielo santo
Y los gallos con su canto
La madrugada anunciaban,
A la cocina rumbiaba
El gaucho... que era un encanto.

145 Y sentao junto al jogón
A esperar que venga el día,
Al cimarrón[16] le prendía
Hasta ponerse rechoncho,
Mientras su china dormía
150 Tapadita con su poncho.

Y apenas el horizonte
Empezaba a coloriar,
Los pájaros a cantar,
Y las gallinas a apiarse,
155 Era cosa de largarse
Cada cual a trabajar.

Éste se ata las espuelas,
Se sale el otro cantando,

16. Mate amargo.

Uno busca un pellón[17] blando,
160 Éste un lazo, otro un rebenque,
Y los pingos relinchando
Los llaman dende el palenque.

El que era pion domador
Enderezaba al corral,
165 Ande estaba el animal,
Bufidos que se las pela...
Y más malo que su agüela
Se hacia astillas el bagual.

Y allí el gaucho inteligente
170 En cuanto el potro enriendó,
Los cueros le acomodó
Y se le sentó en seguida...
Que el hombre muestra en la vida
La astucia que Dios le dio.

175 Y en las playas corcoviando
Pedazos se hacía el sotreta,[18]
Mientras él por las paletas
Le jugaba las lloronas,[19]
Y al ruido de las caronas[20]
180 Salia haciéndose gambetas!

Ah! tiempos!... Era un orgullo
Ver jinetiar un paisano—
Cuando era gaucho baquiano
Aunque el potro se boliase[21]

17. Cojinillo, pieza del apero.
18. Caballo mañoso e inservible.
19. Espuelas nazarenas.
20. Prenda del apero criollo para aislar el sudor del caballo.
21. De *volear*; movimiento del caballo cuando se levanta sobre las patas y se inclina hasta caer hacia atrás.

185   No habia uno que no parase
      Con el cabresto en la mano.

      Y mientras domaban unos,
      Otros al campo salían,
      Y la hacienda recogían,
190   Las manadas repuntaban,
      Y ansí sin sentir pasaban
      Entretenidos el día.

      Y verlos al cair la tarde
      En la cocina riunidos
195   Con el juego bien prendido
      Y mil cosas que contar,
      Platicar muy divertidos
      Hasta después de cenar.

      Y con el buche bien lleno
200   Era cosa superior
      Irse en brazos del amor
      A dormir como la gente,
      Pa empezar el día siguiente
      Las fainas del día anterior.

205   Ricuerdo!... ¡Qué maravilla!!
      Cómo andaba la gauchada,
      Siempre alegre y bien montada
      Y dispuesta pa el trabajo...
      Pero al presente... barajo![22]
210   No se la ve de aporriada.[23]

      El gaucho más infeliz
      Tenía tropilla de un pelo,

22. Eufemismo de «carajo».
23. Maltratada.

No le faltaba un consuelo[24]
Y andaba la gente lista...
215 Tendiendo al campo la vista,
Sólo vía hacienda y cielo.

Cuando llegaban las yerras,
¡Cosa que daba calor!
Tanto gaucho pialador
220 Y tironiador sin yel—[25]
Ah! tiempos!... pero si en él
Se ha visto tanto primor.

Aquello no era trabajo
Más bien era una junción,
225 Y después de un güen tirón
En que uno se daba maña,
Pa darle un trago de caña
Solia llamarlo el patrón.

Pues vivia la mamajuana[26]
230 Siempre bajo la carreta,
Y aquel que no era chancleta[27]
En cuanto el goyete vía,
Sin miedo se le prendía
Como güérfano a la teta.

235 Y qué jugadas se armaban
Cuando estábamos riunidos!
Siempre íbamos prevenidos
Pues en tales ocasiones,
A ayudarles a los piones
240 Caiban muchos comedidos.

24. Dinero para gastar.
25. Sin hiel, sin mala intención.
26. Damajuana.
27. Afeminado, flojo.

Eran los días del apuro
Y alboroto pa el hembraje,
Pa preparar los potajes
Y osequiar bien a la gente,
245   Y ansí, pues, muy grandemente,
Pasaba siempre el gauchaje.

Venia la carne con cuero,
La sabrosa carbonada,
Mazamorra pien pisada,
250   Los pasteles y el güen vino…
Pero ha querido el destino,
Que todo aquello acabara.

Estaba el gaucho en su pago
Con toda seguridá;
255   Pero aura… barbaridá!
La cosa anda tan fruncida,
Que gasta el pobre la vida
En juir de la autoridá.

Pues si usté pisa en su rancho
260   Y si el Alcalde lo sabe,
Lo caza lo mesmo que ave
Aunque su mujer aborte…
No hay tiempo que no se acabe
Ni tiento que no se corte!

265   Y al punto dese por muerto
Si el Alcalde lo bolea,
Pues ahi[28] no más se le apea
Con una felpa de palos,–
Y después dicen que es malo
270   El gaucho si los pelea.

28. Ahí.

Y el lomo le hinchan a golpes,
Y le rompen la cabeza,
Y luego con ligereza
Ansí lastimao y todo,
275   Lo amarran codo con codo
Y pa el cepo lo enderiezan.

Ahi comienzan sus desgracias,
Ahi principia el pericón;
Porque ya no hay salvación,
280   Y que usté quiera o no quiera,
Lo mandan a la frontera
O lo echan a un batallón.

Ansí empezaron mis males
Lo mesmo que los de tantos,
285   Si gustan... en otros cantos
Les diré lo que he sufrido—
Después que uno está... perdido
No lo salvan ni los santos.

III

Tuve en mi pago en un tiempo
290   Hijos, hacienda y mujer,
Pero empecé a padecer,
Me echaron a la frontera,
¡Y qué iba a hallar al volver!
Tan sólo hallé la tapera.

295   Sosegao vivía en mi rancho
Como el pájaro en su nido,
Allí mis hijos queridos
Iban creciendo a mi lao...
Sólo queda al desgraciao
300   Lamentar el bien perdido.

Mi gala en las pulperías
Era en habiendo más gente,
Ponerme medio caliente[29]
Pues cuando puntiao[30] me encuentro
305 Me salen coplas de adentro
Como agua de la virtiente.

Cantando estaba una vez
En una gran diversión,
Y aprovechó la ocasión
310 Como quiso el Juez de Paz...
Se presentó, y ahi nomás
Hizo una arriada en montón.

Juyeron los más matreros[31]
Y lograron escapar:
315 Yo no quise disparar,
Soy manso y no había porqué,
Muy tranquilo me quedé
Y ansí me dejé agarrar.

Allí un gringo con un órgano
320 Y una mona que bailaba,
Haciéndonos rair estaba,
Cuando le tocó el arreo,
¡Tan grande el gringo y tan feo!
Lo viera cómo lloraba.

325 Hasta un inglés zanjiador[32]
Que decía en la última guerra
Que él era de Inca-la-perra[33]

29. Emborracharse.
30. Estar «entonado», empezar a emborracharse.
31. Gauchos rebeldes.
32. Peón que abría zanjas para resguardar el ganado.
33. Inglaterra.

　　　　Y que no quería servir,
　　　　Tuvo también que juir
330　　Y guarecerse en la Sierra.

　　　　Ni los mirones salvaron
　　　　De esa arriada de mi flor–[34]
　　　　Fue acoyarao[35] el cantor
　　　　Con el gringo de la mona–
335　　A uno solo, por favor,
　　　　Logró salvar la patrona.

　　　　Formaron un contingente
　　　　Con los que del baile arriaron–
　　　　Con otros nos mesturaron,[36]
340　　Que habian agarrao también–
　　　　Las cosas que aquí se ven
　　　　Ni los diablos las pensaron.

　　　　A mí el Juez me tomó entre ojos
　　　　En la última votación–
345　　Me le habia hecho el remolón
　　　　Y no me arrimé ese día,
　　　　Y él dijo que yo servía
　　　　A los de la esposición.[37]

　　　　Y ansí sufrí ese castigo
350　　Tal vez por culpas ajenas–
　　　　Que seán malas o seán güenas
　　　　Las listas, siempre me escondo–
　　　　Yo soy un gaucho redondo
　　　　Y esas cosas no me enllenan.

34. Es una expresión de admiración; proviene del juego de truco.
35. Acollanado, atado.
36. Mezclaron.
37. Oposición.

355   Al mandarnos nos hicieron
         Más promesas que a un altar—
         El Juez nos jue a ploclamar
         Y nos dijo muchas veces:
         «Muchachos, a los seis meses
360   «Los van a ir a revelar».[38]

         Yo llevé un moro de número.
         Sobresaliente el matucho![39]
         Con él gané en Ayacucho
         Más plata que agua bendita—
365   Siempre el gaucho necesita
         Un pingo pa fiarle un pucho.

         Y cargué sin dar más güeltas
         Con las prendas que tenía,
         Jergas, ponchos, cuanto había
370   En casa, tuito[40] lo alcé—
         A mi china la dejé
         Media desnuda ese día.

         No me faltaba una guasca,[41]
         Esa ocasión eché el resto;
375   Bozal, maniador, cabresto,
         Lazo, bolas y manea....[42]
         ¡El que hoy tan pobre me vea
         Tal vez no creerá todo esto!!

         Ansí en mi moro, escarciando,[43]
380   Enderecé a la frontera;

38. Relevar.
39. Matungo, caballo de poco valor.
40. Todo.
41. Prenda del apero.
42. Toda la enumeración corresponde a piezas del apero criollo.
43. Escarceando; movimiento del cuello y la cabeza del caballo.

Aparcero, si usté viera
Lo que se llama cantón...[44]
Ni envidia tengo al ratón
En aquella ratonera.

385   De los pobres que allí había
A ninguno lo largaron,
Los más viejos rezongaron,
Pero a uno que se quejó
En seguida lo estaquiaron,
390   Y la cosa se acabó.

En la lista de la tarde
El Jefe nos cantó el punto
Diciendo: «Quinientos juntos
«Llevará el que se resierte,[45]
395   «Lo haremos pitar del juerte,
«Más bien dese por dijunto.»

A naides le dieron armas,
Pues toditas las que había
El Coronel las tenía,
400   Sigún dijo esa ocasión,
Pa repartirlas el día
En que hubiera una invasión.

Al principio nos dejaron
De haraganes criando sebo,[46]
405   Pero después... no me atrevo
A decir lo que pasaba–
Barajo... si nos trataban
Como se trata a malevos.

44. Fortín a lo largo de las fronteras, dominado por blancos.
45. Deserte.
46. *Criar sebo*: haraganear.

Porque todo era jugarle
410 Por los lomos con la espada,
Y aunque usté no hiciera nada,
Lo mesmito que en Palermo,[47]
Le daban cada cepiada[48]
Que lo dejaban enfermo.

415 Y qué indios, ni qué servicio!
No teníamos ni Cuartel—
Nos mandaba el Coronel
A trabajar en sus chacras,
Y dejábamos las vacas
420 Que las llevara el infiel.

Yo primero sembré trigo
Y después hice un corral,
Corté adobe pa un tapial,
Hice un quincho, corté paja...
425 La pucha que se trabaja
Sin que le larguen ni un rial![49]

Y es lo pior de aquel enriedo
Que si uno anda hinchando el lomo[50]
Se le apean como plomo...
430 ¡Quién aguanta aquel infierno!
Si eso es servir al gobierno,
A mí no me gusta el cómo.

Más de un año nos tuvieron
En esos trabajos duros;
435 Y los indios, le asiguro

47. Alusión a la quinta de Juan Manuel de Rosas, famosa por los excesos que se cometían contra los adversarios políticos.
48. Tormento del cepo.
49. Real, moneda de diez centavos.
50. *Hinchar el lomo*: mostrarse rebelde, desafiante.

Dentraban cuando querían:
Como no los perseguían,
Siempre andaban sin apuro.

A veces decía al volver
440 Del campo la descubierta[51]
Que estuviéramos alerta,
Que andaba adentro la indiada,
Porque había una rastrillada[52]
O estaba una yegua muerta.[53]

445 Recién entonces salía
La orden de hacer la riunión,
Y cáibamos al cantón
En pelos y hasta enancaos,
Sin armas, cuatro pelaos
450 Que íbamos a hacer jabón.[54]

Ahi empezaba el afán
Se entiende, de puro vicio,
De enseñarle el ejercicio
A tanto gaucho recluta,
455 Con un estrutor…[55] qué bruta![56]
Que nunca sabia su oficio.

Daban entonces las armas
Pa defender los cantones,
Que eran lanzas y latones
460 Con ataduras de tiento…

51. Vigilancia para descubrir al enemigo.
52. Rastro que dejan los caballos de los indios.
53. A los indios les gustaba la carne de caballo, de modo que encontrar una yegua muerta era señal de que habían pasado por allí.
54. Hacer jabón: haraganear.
55. Instructor.
56. Eufemismo por «puta».

Las de juego no las cuento
Porque no habia municiones.

Y un sargento chamuscao[57]
Me contó que las tenían
465   Pero que ellos las vendían
Para cazar avestruces;
Y así andaban noche y día
Dele bala a los ñanduces.

Y cuando se iban los indios
470   Con lo que habian manotiao,
Sáliamos muy apuraos
A perseguirlos de atrás;
Si no se llevaban más
Es porque no habian hallao.

475   Allí sí, se ven desgracias
Y lágrimas y aflicciones;
Naides le pida perdones
Al Indio, pues donde dentra,
Roba y mata cuanto encuentra
480   Y quema las poblaciones.

No salvan de su juror[58]
Ni los pobres angelitos;
Viejos, mozos y chiquitos
Los mata del mesmo modo–
485   El indio lo arregla todo
Con la lanza y con los gritos.

Tiemblan las carnes al verlo
Volando al viento la cerda–

57. Borracho.
58. Furor.

La rienda en la mano izquierda
490 Y la lanza en la derecha–
Ande enderieza abre brecha
Pues no hay lanzazo que pierda.

Hace trotiadas tremendas
Dende el fondo del desierto–
495 Ansí llega medio muerto
De hambre, de sé[59] y de fatiga;
Pero el indio es una hormiga
Que día y noche está dispierto.

Sabe manejar las bolas
500 Como naides las maneja,
Cuanto el contrario se aleja,
Manda una bola perdida,
Y si lo alcanza, sin vida
Es siguro que lo deja.

505 Y el indio es como tortuga
De duro para espichar,
Si lo llega a destripar
Ni siquiera se le encoge;
Luego sus tripas recoge,
510 Y se agacha a disparar.

Hacian el robo a su gusto
Y despúes se iban de arriba,[60]
Se llevaban las cautivas,
Y nos contaban que a veces
515 Les descarnaban los pieses
A las pobrecitas vivas.

59. Sed.
60. Irse sin castigo.

Ah! si partia el corazón
Ver tantos males, canejo!
Los perseguiamos de lejos
520 Sin poder ni galopiar;
¡Y qué habiamos de alcanzar
En unos bichocos[61] viejos!

Nos volviamos al cantón
A las dos o tres jornadas,
525 Sembrando las caballadas;
Y pa que alguno la venda,
Rejuntábamos la hacienda
Que habian dejao rezagada.

Una vez entre otras muchas,
530 Tanto salir al botón,[62]
Nos pegaron un malón
Los indios, y una lanciada,
Que la gente acobardada
Quedó dende esa ocasión.

535 Habian estao escondidos
Aguaitando[63] atrás de un cerro...
¡Lo viera a su amigo Fierro
Aflojar como un blandito!
Salieron como maiz frito
540 En cuanto sonó un cencerro.

Al punto nos dispusimos
Aunque ellos eran bastantes,
La formamos al instante
Nuestra gente, que era poca,
545 Y golpiándose en la boca
Hicieron fila adelante.

61. Caballo viejo.
62. *Al botón*: de gusto, inútilmente.
63. Acechando.

Se vinieron en tropel
Haciendo temblar la tierra,
No soy manco pa la guerra
550   Pero tuve mi jabón,[64]
Pues iba en un redomón[65]
Que habia boliao en la Sierra.

Qué vocerío! qué barullo!
Qué apurar esa carrera!
555   La Indiada todita entera
Dando alaridos cargó–
Jue pucha!… y ya nos sacó
Como yeguada matrera.[66]

Qué fletes[67] traiban los bárbaros,
560   Como una luz de ligeros–
Hicieron el entrevero
Y en aquella mezcolanza,
Éste quiero, éste no quiero,
Nos escogian con la lanza.

565   Al que le dan un chuzazo,[68]
Dificultoso es que sane,
En fin, para no echar panes,[69]
Salimos por esas lomas,
Lo mesmo que las palomas
570   Al juir de los gavilanes.

Es de almirar la destreza
Con que la lanza manejan!!

---

64. *Tener jabón*: tener miedo.
65. Potro que están amansando.
66. Yeguas alzadas que, por miedo, se dispersan velozmente en varias direcciones.
67. Caballos de excelentes cualidades.
68. Chuzazo, golpe de chuzo (lanza primitiva).
69. *Echar panes*: jactarse, irse de boca.

De perseguir nunca dejan–
Y nos traiban[70] apretaos–
575 Si quériamos de apuraos
Salirnos por las orejas!

Y pa mejor de la fiesta
En esa aflición tan suma,
Vino un Indio echando espuma,
580 Y con la lanza en la mano,
Gritando: «Acabau cristiano
Metau el lanza hasta el pluma».[71]

Tendido en el costillar,[72]
Cimbrando por sobre el brazo
585 Una lanza como un lazo
Me atropeyó dando gritos–
Si me descuido... el maldito
Me levanta de un lanzazo.

Si me atribulo o me encojo,
590 Siguro que no me escapo:
Siempre he sido medio guapo,
Pero en aquella ocasión
Me hacia bulla el corazón
Como la garganta al sapo.

595 Dios le perdone al salvaje
Las ganas que me tenía...
Desaté las tres marías[73]
Y lo engatusé a cabriolas...
Pucha... Si no traigo bolas
600 Me achura el Indio ese día.

70. Traían.
71. Hundir la lanza hasta el plumerillo con que los indios adornaban la punta
de hierro de sus armas.
72. Postura que asumía el indio a caballo para no ofrecer flancos débiles.
73. Las boleadoras.

Era el hijo de un cacique
Sigún yo lo avirigüé–
La verdá del caso jue
Que me tuvo apuradazo,[74]
605   Hasta que al fin de un bolazo
Del caballo lo bajé.

Ahi no más me tiré al suelo
Y lo pisé en las paletas—[75]
Empezó a hacer morisquetas
610   Y a mezquinar la garganta...
Pero yo hice la obra santa
De hacerlo estirar la jeta.[76]

Allí quedó de mojón
Y en su caballo salté,
615   De la indiada disparé,
Pues si me alcanza me mata,
Y al fin me les escapé
Con el hilo en una pata.[77]

IV

Seguiré esta relación
620   Aunque pa chorizo es largo:
El que pueda hágase cargo
Cómo andaria de matrero,
Despúes de salvar el cuero[78]
De aquel trance tan amargo.

74. En aprietos.
75. Omóplatos.
76. *Estirar la jeta*: morir.
77. *Con el hilo en una pata*: a duras penas.
78. Salvar el pellejo.

625   Del sueldo nada les cuento
       Porque andaba disparando,
       Nosotros de cuando en cuando
       Soliamos ladrar de pobres–
       Nunca llegaban los cobres
630   Que se estaban aguardando.

       Y andábamos de mugrientos
       Que el mirarnos daba horror;
       Les juro que era un dolor
       Ver esos hombres, por Cristo!
635   En mi perra vida he visto
       Una miseria mayor.

       Yo no tenia ni camisa
       Ni cosa que se parezca;
       Mis trapos sólo pa yesca
640   Me podian servir al fin...
       No hay plaga como un fortín
       Para que el hombre padezca.

       Poncho, jergas, el apero,
       Las prenditas, los botones,
645   Todo, amigo, en los cantones
       Jue quedando poco a poco,
       Ya nos tenian medio loco
       La pobreza y los ratones.

       Sólo una manta peluda
650   Era cuanto me quedaba–
       La habia agenciao a la taba
       Y ella me tapaba el bulto–
       Yaguané[79] que allí ganaba
       No salia... ni con indulto.

79. Piojo.

655   Y pa mejor hasta el moro
      Se me jue de entre las manos–
      No soy lerdo… pero hermano,
      Vino el Comendante un día
      Diciendo que lo quería
660   «Pa enseñarle a comer grano».

      Afiguresé cualquiera
      La suerte de éste su amigo,
      A pie y mostrando el umbligo,
      Estropiao, pobre y desnudo;
665   Ni por castigo se pudo
      Hacerse más mal conmigo.

      Ansí pasaron los meses
      Y vino el año siguiente.
      Y las cosas igualmente
670   Siguieron del mesmo modo–
      Adrede parece todo
      Pa atormentar a la gente.

      No teniamos más permiso,
      Ni otro alivio la gauchada,
675   Que salir de madrugada
      Cuando no habia indio ninguno,
      Campo ajuera a hacer boliadas
      Deszocando[80] los reyunos.[81]

      Y cáibamos al cantón
680   Con los fletes aplastaos–
      Pero a veces medio aviaos
      Con plumas y algunos cueros–
      Que pronto con el pulpero
      Los téniamos negociaos.

80. Deszocar; luxar las articulaciones.
81. Tipo de caballo.

685   Era un amigo del Jefe
       Que con un boliche estaba,
       Yerba y tabaco nos daba
       Por la pluma de avestruz,
       Y hasta le hacia ver la luz
690   Al que un cuero le llevaba.

       Sólo tenia cuatro frascos
       Y unas barricas vacías,
       Y a la gente le vendía
       Todo cuanto precisaba…
695   Algunos creiban que estaba
       Allí la provedería.

       Ah!, pulpero habilidoso,
       Nada le solia faltar–
       Ahijuna–[82] y para tragar
700   Tenia un buche de ñandú,
       La gente le dio en llamar
       «El boliche de virtú.»

       Aunque es justo que quien vende
       Algún poquitito muerda,
705   Tiraba tanto la cuerda
       Que, con sus cuatro limetas,[83]
       Él cargaba las carretas
       De plumas, cueros y cerda.

       Nos tenia apuntaos a todos
710   Con más cuentas que un rosario,
       Cuando se anunció un salario
       Que iban a dar, o un socorro–
       Pero sabe Dios qué zorro
       Se lo comió al Comisario.

82. Ahijuna: «Hijo de una…».
83. Botellas de bebidas.

715 Pues nunca lo vi llegar
     Y al cabo de muchos días–
     En la mesma pulpería
     Dieron una *buena cuenta*–
     Que la gente muy contenta
720 De tan pobre recebía.

     Sacaron unos sus prendas
     Que las tenían empeñadas,
     Por sus diudas atrasadas
     Dieron otros el dinero,
725 A fin de fiesta el pulpero
     Se quedó con la mascada.

     Yo me arrecosté a un horcón[84]
     Dando tiempo a que pagaran,
     Y poniendo güena cara
730 Estuve haciéndome el pollo,[85]
     A esperar que me llamaran
     Para recebir mi bollo.

     Pero ahi me pude quedar
     Pegao pa siempre al horcón–
735 Ya era casi la oración
     Y ninguno me llamaba–
     La cosa se me ñublaba[86]
     Y me dentró comezón.

     Pa sacarme el entripao[87]
740 Vi al Mayor, y lo fi a hablar–
     Yo me le empecé a atracar,
     Y como con poca gana

84. Columna en forma de horquilla que sostiene el techo del rancho.
85. Indiferente.
86. Nublaba, oscurecía.
87. Rabia, enojo.

Le dije: «Tal vez mañana
«Acabarán de pagar».

745   «Qué mañana ni otro día»
      Al punto me contestó,
      «La paga ya se acabó,
      «Siempre has de ser animal»–
      Me rai y le dije: «–Yo…
750   «No he recebido ni un rial».

      Se le pusieron los ojos
      Que se le querian salir,
      Y ahi no más volvió a decir
      Comiéndome con la vista:
755   «–Y qué querés recebir
      «Si no has dentrao en la lista?–»

      «–Esto sí que es amolar»
      Dije yo pa mis adentros,
      «Van dos años que me encuentro
760   «Y hasta aura he visto ni un grullo,[88]
      «Dentro en todos los barullos
      «Pero en las listas no dentro».

      Vide el plaito[89] mal parao
      Y no quise aguardar más…
765   Es güeno vivir en paz
      Con quien nos ha de mandar–
      Y reculando pa tras
      Me le empecé a retirar.

      Supo todo el Comendante
770   Y me llamó al otro día,
      Diciéndome que quería

88. Patacón, peso de plata.
89. *Vide el plaito*: vi el pleito.

Aviriguar bien las cosas–
Que no era el tiempo de Rosas,
Que aura a naides se debía.

775 Llamó al cabo y al sargento
Y empezó la indagación:
Si habia venido al cantón
En tal tiempo o en tal otro...
Y si habia venido en potro,
780 En reyuno o redomón.

Y todo era alborotar
Al ñudo, y hacer papel,[90]
Conocí que era pastel[91]
Pa engordar con mi guayaca,[92]
785 Mas si voy al Coronel
Me hacen bramar en la estaca.

Ah! hijos de una... la codicia
Ojalá les ruempa el saco;
Ni un pedazo de tabaco
790 Le dan al pobre soldao,
Y lo tienen de delgao
Más ligero que un guanaco.

Pero qué iba a hacerles yo,
Charabón[93] en el desierto;
795 Más bien me daba por muerto
Pa no verme más fundido–
Y me les hacia el dormido
Aunque soy medio dispierto.

90. *Hacer papel*: hacer comedia.
91. Trampa, tramoya.
92. Bolsillo, pequeña bolsa para guardar dinero o tabaco.
93. Avestruz joven, que está emplumando. Cuando se aplica a una persona significa «inexperto».

V

Ya andaba desesperao,
800 Aguardando una ocasión
Que los Indios un malón
Nos dieran y entre el estrago
Hacérmeles cimarrón[94]
Y volverme pa mi pago.

805 Aquello no era servicio
Ni defender la frontera–
Aquello era ratonera
En que sólo gana el juerte–
Era jugar a la suerte
810 Con una taba culera.[95]

Allí tuito va al revés:
Los milicos son los piones,
Y andan en las poblaciones
Emprestaos pa trabajar–
815 Los rejuntan pa peliar
Cuando entran Indios ladrones.

Yo he visto en esa milonga
Muchos Jefes con estancia,
Y piones en abundancia,
820 Y majadas y rodeos;
He visto negocios feos
A pesar de mi inorancia.

Y colijo que no quieren
La barunda[96] componer–

94. Huir, escapar.
95. Taba cargada.
96. Barahúnda.

825   Para eso no ha de tener,
       El Jefe, que esté de estable,
       Más que su poncho, y su sable,
       Su caballo y su deber.

       Ansina, pues, conociendo
830   Que aquel mal no tiene cura,
       Que tal vez mi sepoltura
       Si me quedo iba a encontrar,
       Pensé en mandarme mudar
       Como cosa más sigura.

835   Y pa mejor, una noche
       Qué estaquiada me pegaron,
       Casi me descoyuntaron
       Por motivo de una gresca–
       Ahijuna, si me estiraron
840   Lo mesmo que guasca fresca.

       Jamás me puedo olvidar
       Lo que esa vez me pasó:–
       Dentrando una noche yo
       Al fortín, un enganchao
845   Que estaba medio mamao
       Allí me desconoció.

       Era un gringo tan bozal,[97]
       Que nada se le entendía–
       ¡Quién sabe de ande sería!
850   Tal vez no juera cristiano;
       Pues lo único que decía
       Es que era *pa-po-litano*.

       Estaba de centinela
       Y por causa del peludo

97. *Gringo bozal*: extranjero que habla mal el castellano.

855 Verme más claro no pudo
Y esa jue la culpa toda–
El bruto se asustó al ñudo
Y fi el pavo de la boda.

Cuando me vido acercar:
860 «*Quén vívore*»... preguntó
«*Qué víboras*» –dije yo–
«*Ha garto*»[98] –me pegó el grito:
Y yo dije despacito
«*Más lagarto serás vos*».

865 Ahí no más– Cristo me valga!
Rastrillar el jusil siento–
Me agaché, y en el momento
El bruto me largó un chumbo–
Mamao, me tiró sin rumbo
870 Que sinó, no cuento el cuento.

Por de contao, con el tiro
Se alborotó el avispero–
Lo Oficiales salieron
Y se empezó la junción–
875 Quedó en su puesto el nación–[99]
Y yo fi al estaquiadero.

Entre cuatro bayonetas
Me tendieron en el suelo–
Vino el Mayor medio en pedo
880 Y allí se puso a gritar
«Pícaro te he de enseñar
«A andar declamando[100] sueldos».

98. Por «¡Haga alto!».
99. El extranjero.
100. Reclamando.

De las manos y las patas
Me ataron cuatro cinchones–
885 Les aguanté los tirones
Sin que ni un ¡ay! se me oyera,
Y al gringo la noche entera
Lo harté con mis maldiciones.

Yo no sé por qué el Gobierno
890 Nos manda aquí a la frontera,
Gringada que ni siquiera
Se sabe atracar a un pingo–
¡Si creerá al mandar un gringo
Que nos manda alguna fiera!

895 No hacen más que dar trabajo
Pues no saben ni ensillar,
No sirven ni pa carniar,
Y yo he visto muchas veces
Que ni voltiadas las reses
900 Se les querian arrimar.

Y lo pasan sus mercedes
Lengüetiando[101] pico a pico–
Hasta que viene un milico
A servirles al asao–
905 Y eso sí, en lo delicaos
Parecen hijos de rico.

Si hay calor, ya no son gente,
Si yela,[102] todos tiritan–
Si usté no les da, no pitan
910 Por no gastar en tabaco,–
Y cuando pescan un naco[103]
Uno al otro se lo quitan.

101. Hablando sin cesar.
102. Hiela.
103. Rollo de tabaco.

Cuanto llueve se acoquinan[104]
Como perro que oye truenos–
915 Qué diablos! sólo son güenos
Pa vivir entre maricas–
Y nunca se andan con chicas
Para alzar ponchos ajenos.

Pa vichar[105] son como ciegos,
920 No hay ejemplo de que entiendan,
Ni hay uno solo que aprienda
Al ver un bulto que cruza,
A saber si es avestruza,
O si es jinete, o hacienda.

925 Si salen a perseguir
Después de mucho aparato,
Tuitos se pelan al rato
Y va quedando el tendal–
Esto es como en un nidal
930 Echarle güevos a un gato.[106]

VI

Vamos dentrando recién
A la parte más sentida,
Aunque es todita mi vida
De males una cadena–
935 A cada alma dolorida
Le gusta cantar sus penas.

104. Se acurrucan.
105. Espiar, vigilar.
106. *Echarle huevos a un gato*: pretender algo imposible (equivalente a «pedirle peras al olmo»).

Se empezó en aquel entonces
A rejuntar caballada,
Y riunir la milicada
940   Teniéndola en el Cantón,
Para una despedición[107]
A sorprender a la Indiada.

Nos anunciaban que iriamos
Sin carretas ni bagajes,
945   A golpiar a los salvajes
En sus mesmas tolderías—
Que a la güelta pagarían
Licenciándolo al gauchaje.

Que en esta despedición
950   Tuviéramos la esperanza,
Que iba a venir sin tardanza
Sigún el Jefe contó,
Un menistro o qué sé yo—
Que le llamaban don Ganza.

955   Que iba a riunir el Ejército
Y tuitos los batallones—
Y que traiba unos cañones
Con más rayas que un cotín—[108]
Pucha... las conversaciones
960   Por allá no tenían fin.

Pero esas trampas no enriedan
A los zorros de mi laya,
Que esa Ganza venga o vaya,
Poco le importa a un matrero—
965   Yo también dejé las rayas...[109]
En los libros del pulpero.

107. Expedición.
108. Tela rayada.
109. Alusión a las rayas que hacía el pulpero para llevar la cuenta de las deudas.

Nunca jui gaucho dormido,
Siempre pronto, siempre listo–
Yo soy un hombre, qué Cristo!
970   Que nada me ha acobardao,
Y siempre salí parao
En los trances que me he visto.

Dende chiquito gané
La vida con mi trabajo,
975   Y aunque siempre estuve abajo
Y no sé lo que es subir–
También el mucho sufrir
Suele cansarnos– barajo!

En medio de mi inorancia
980   Conozco que nada valgo–
Soy la liebre o soy el galgo
Asigún los tiempos andan,
Pero también los que mandan
Debieran cuidarnos algo.

985   Una noche que riunidos
Estaban en la carpeta
Empinando una limeta
El Jefe y el Juez de Paz–
Yo no quise aguardar más,
990   Y me hice humo en un sotreta.[110]

Me parece el campo orégano
Dende que libre me veo–
Donde me lleva el deseo
Allí mis pasos dirijo–
995   Y hasta en las sombras, de fijo
Que donde quiera rumbeo.

110. Caballo mañero, difícil de domar.

Entro y salgo del peligro
Sin que me espante el estrago,
No aflojo al primer amago
1000 Ni jamás fi gaucho lerdo:-
Soy pa rumbiar como el cerdo
Y pronto cai a mi pago.

Volvia al cabo de tres años
De tanto sufrir al ñudo,
1005 Resertor, pobre y desnudo-
A procurar suerte nueva-
Y lo mesmo que el peludo
Enderecé pa mi cueva.

No hallé ni rastro del rancho,
1010 Sólo estaba la tapera!
Por Cristo, si aquello era
Pa enlutar el corazón-
Yo juré en esa ocasión
Ser más malo que una fiera.

1015 ¡Quién no sentirá lo mesmo
Cuando ansí padece tanto!
Puedo asigurar que el llanto
Como una mujer largué-
Ay, mi Dios- Si me quedé
1020 Más triste que Jueves Santo!

Sólo se oíban los aullidos
De un gato que se salvó;
El pobre se guareció
Cerca, en una vizcachera-
1025 Venia como si supiera
Que estaba de güelta yo.

Al dirme dejé la hacienda
Que era todito mi haber-

      Pronto debiamos volver
1030 Sigún el Juez prometía,
      Y hasta entonces cuidaría
      De los bienes la mujer.

      ....
      ....
      ....
      ....
      ....
      ....

      Después me contó un vecino
      Que el campo se lo pidieron–
1035 La hacienda se la vendieron
      En pago de arrendamientos,
      Y qué sé yo cuántos cuentos,
      Pero todo lo fundieron,

      Los pobrecitos muchachos
1040 Entre tantas afliciones,
      Se conchabaron[111] de piones.
      ¡Mas qué iban a trabajar,
      Si eran como los pichones
      Sin acabar de emplumar!

1045 Por ahi andarán sufriendo
      De nuestra suerte el rigor;
      Me han contao que el mayor
      Nunca dejaba a su hermano–
      Puede ser que algún cristiano
1050 Los recoja por favor.

      Y la pobre mi mujer,
      Dios sabe cuánto sufrió!–

111. De conchabarse, procurarse un trabajo bajo las órdenes de un superior.

Me dicen que se voló
Con no sé qué gavilán–
1055 Sin duda a buscar el pan
Que no podia darle yo.

No es raro que a uno le falte
Lo que a algún otro le sobre–
Si no le quedó ni un cobre,
1060 Sinó de hijos un enjambre,
Qué más iba a hacer la pobre
Para no morirse de hambre!

¡Tal vez no te vuelva a ver
Prenda de mi corazón!
1065 Dios te dé su protección
Ya que no me la dio a mí–
Y a mis hijos dende aquí
Les echo mi bendición.

Como hijitos de la cuna[112]
1070 Andarán por ahi sin madre–
Ya se quedaron sin padre
Y ansí la suerte los deja,
Sin naides que los proteja
Y sin perro que los ladre.

1075 Los pobrecitos tal vez
No tengan ande abrigarse,
Ni ramada[113] ande ganarse,
Ni rincón ande meterse,
Ni camisa que ponerse,
1080 Ni poncho con que taparse.

112. Casa cuna, hogar para niños huérfanos.
113. Cobertizo formado por un techo de paja, sostenido por horcones.

Tal vez los verán sufrir
Sin tenerles compasión–
Puede que alguna ocasión
Aunque los veán tiritando,
1085　Los echen de algún jogón[114]
Pa que no estén estorbando.

Y al verse ansina[115] espantaos
Como se espanta a los perros,
Irán los hijos de Fierro
1090　Con la cola entre las piernas,
A buscar almas más tiernas
O esconderse en algún cerro.

Mas también en este juego
Voy a pedir mi bolada–[116]
1095　A naides le debo nada,
Ni pido cuartel ni doy–
Y ninguno dende hoy
Ha de llevarme en la armada.[117]

Yo he sido manso primero,
1100　Y seré gaucho matrero–
En mi triste circustancia
Aunque es mi mal tan projundo,
Nací, y me he criao en estancia,
Pero ya conozco el mundo.

1105　Ya les conozco sus mañas,
Le conozco sus cucañas,[118]

114. Fogón.
115. Así.
116. Oportunidad para lograr algo.
117. *Llevar en la armada*: en sentido figurado, someter, sujetar. La armada es la abertura corrediza en el extremo del lazo, para enlazar un animal.
118. Artimañas.

Sé cómo hacen la partida,
La enriedan y la manejan–
Deshaceré la madeja
1110 Aunque me cueste la vida.

Y aguante el que no se anime
A meterse en tanto engorro,
O si no aprétese el gorro[119]
O para otra tierra emigre–
1115 Pero yo ando como el tigre
Que le roban los cachorros.

Aunque muchos creen que el gaucho
Tiene una alma de reyuno–[120]
No se encontrará ninguno
1120 Que no lo dueblen las penas–
Mas no debe aflojar uno
Mientras hay sangre en las venas.

VII

De carta de más me vía
Sin saber adónde dirme,
1125 Mas dijeron que era vago
Y entraron a perseguirme.

Nunca se achican los males–
Van poco a poco creciendo,
Y ansina me vide pronto
1130 Obligao a andar juyendo.

119. *Apretarse el gorro*: huir.
120. *Alma de reyuno*: en sentido figurado, taimado, de poca conciencia.

No tenia mujer ni rancho,
Y a más era resertor;
No tenia una prenda güena
Ni un peso en el tirador.

1135 A mis hijos infelices,
Pensé volverlos a hallar–
Y andaba de un lao al otro
Sin tener ni qué pitar.[121]

Supe una vez por desgracia
1140 Que habia un baile por allí–
Y medio desesperao
A ver la milonga fui.

Riunidos al pericón
Tantos amigos hallé,
1145 Que alegre de verme entre ellos
Esa noche me apedé.[122]

Como nunca, en la ocasión
Por peliar me dio la tranca,
Y la emprendí con un negro
1150 Que trujo una negra en ancas.

Al ver llegar la morena
Que no hacia caso de naides,
Le dije con la mamúa:
–«Va... ca... yendo gente al baile.»

1155 La negra entendió la cosa
Y no tardó en contestarme
Mirándome como a perro:
–«Más vaca será su madre.»

121. Fumar.
122. Emborracharse.

Y dentró al baile muy tiesa,
1160 Con más cola que una zorra,
Haciendo blanquiar los dientes
Lo mesmo que mazamorra.

—«Negra linda... dije yo,
«Me gusta... pa la carona!»[123]
1165 Y me puse a champurriar[124]
Esta coplita fregona:

«A los blancos hizo Dios,
«A los mulatos San Pedro,
«A los negros hizo el diablo
1170 «Para tizón del infierno.»

Habia estao juntando rabia
El moreno dende ajuera—
En lo escuro le brillaban
Los ojos como linterna.

1175 Lo conocí retobao,
Me acerqué y le dije presto:
«Por... rudo que un hombre sea
«Nunca se enoja por esto.»

Corcobió el de los tamangos[125]
1180 Y creyéndose muy fijo:
—«Más *porrudo* serás vos,
Gaucho rotoso» me dijo.

Y ya se me vino al humo
Como a buscarme la hebra—[126]

---

123. Alusión a la cama.
124. Tararear.
125. Zapato rústico de cuero.
126. Aquí equivale a encontrar el punto débil, pero en sentido literal, *buscar la*

1185 Y un golpe le acomodé
      Con el porrón de giniebra.

      Ahi nomás pegó el de hollín
      Más gruñidos que un chanchito,
      Y pelando el envenao[127]
1190 Me atropelló dando gritos.

      Pegué un brinco y abrí cancha
      Diciéndoles: –«Caballeros,
      «Dejen venir ese toro,
      «Solo nací... solo muero.»

1195 El negro despés del golpe
      Se habia el poncho refalao[128]
      Y dijo: –«Vas a saber
      «Si es solo o acompañao.»

      Y mientras se arremangó
1200 Yo me saqué las espuelas,
      Pues malicié que aquel tío
      No era de arriar con las riendas.[129]

      No hay cosa como el peligro
      Pa refrescar un mamao,
1205 Hasta la vista se aclara
      Por mucho que haiga chupao.

      El negro me atropelló
      Como a quererme comer–
      Me hizo dos tiros seguidos
1210 Y los dos le abarajé.

hebra implica encontrar la veta en el tronco donde es mejor enterrar el hacha para partirlo.
127. Cuchillo.
128. Deslizar el poncho por el antebrazo y enrollarlo para que sirva de escudo.
129. Con *arriar con las riendas*, se refiere a arrear con animales mansos.

Yo tenia un facón con S
Que era de lima de acero,
Le hice un tiro, lo quitó
Y vino ciego el moreno.

1215 Y en el medio de las aspas
Un planazo le asenté,
Que lo largué culebriando
Lo mesmo que buscapié.

Le coloriaron las motas
1220 Con la sangre de la herida,
Y volvió a venir furioso
Como una tigra parida.

Y ya me hizo relumbrar
Por los ojos el cuchillo,
1225 Alcanzando con la punta
A cortarme en un carrillo.

Me hirvió la sangre en las venas
Y me le afirmé al moreno,
Dándole de punta y hacha
1230 Pa dejar un diablo menos.

Por fin en una topada
En el cuchillo lo alcé,
Y como un saco de güesos
Contra un cerco lo largué.

1235 Tiró unas cuantas patadas
Y ya cantó pa el carnero—[130]
Nunca me puedo olvidar
De la agonia de aquel negro.

---

130. *Cantar para el carnero*: morir.

En esto la negra vino
1240 Con los ojos como ají–
Y empezó la pobre allí
A bramar como una loba–

Yo quise darle una soba[131]
A ver si la hacía callar
1245 Mas, pude reflesionar
Que era malo en aquel punto,
Y por respeto al dijunto
No la quise castigar.

Limpié el facón en los pastos,
1250 Desaté mi redomón,
Monté despacio, y salí
Al tranco pa el cañadón.

Después supe que al finao
Ni siquiera lo velaron
1255 Y retobao en un cuero
Sin rezarle lo enterraron.

Y dicen que dende entonces
Cuando es la noche serena,
Suele verse una luz mala[132]
1260 Como de alma que anda en pena.

Yo tengo intención a veces
Para que no pene tanto,
De sacar de allí los güesos
Y echarlos al camposanto.

131. *Dar una soba*: azotar.
132. Aparición fantasmagórica que se ve algunas noches en el campo.

VIII

1265 Otra vez en un boliche
Estaba haciendo la tarde,
Cayó un gaucho que hacía alarde
De guapo y de peliador–

A la llegada metió
1270 El pingo hasta la ramada–
Y yo sin decirle nada
Me quedé en el mostrador.

Era un terne[133] de aquel pago
Que naides lo reprendía,
1275 Que sus enriedos tenía
Con el señor Comendante:–

Y como era protegido,
Andaba muy entonao,
Y a cualquiera desgraciao
1280 Lo llevaba por delante.

Ah! pobre! si él mismo creiba,
Que la vida le sobraba.
Ninguno diria que andaba
Aguaitándolo la muerte–

1285 Pero ansí pasa en el mundo,
Es ansí la triste vida–
Pa todos está escondida,
La güena o la mala suerte.

Se tiró al suelo, al dentrar
1290 Le dio un empeyón a un vasco–

---

133. Provocador, descarado.

Y me alargó un medio frasco
Diciendo −«Beba cuñao»
−«Por su hermana» contesté,
«Que por la mia no hay cuidao.»

1295 −«Ah! gaucho!, me respondió
«De qué pago será criollo?−
«Lo andará buscando el oyo?−[134]
«Deberá tener güen cuero?−
«Pero ande bala este toro
1300 «No bala ningún ternero.»

Y ya salimos trenzaos
Porque el hombre no era lerdo,
Mas como el tino no pierdo,
Y soy medio ligerón,
1305 Le dejé mostrando el sebo
De un revés con el facón.

Y como con la justicia
No andaba bien por allí,
Cuando pataliar lo vi,
1310 Y el pulpero pegó el grito,
Ya pa el palenque salí
Como haciéndome chiquito.[135]

Monté y me encomendé a Dios
Rumbiando para otro pago−
1315 Que el gaucho que llaman vago
No puede tener querencia,[136]
Y ansí de estrago en estrago
Vive llorando la ausencia.

---

134. Hoyo, y en este caso, «hoyo» es metáfora de muerte.
135. Haciéndose el inocente.
136. Apego al lugar de nacimiento o donde se vive.

Él anda siempre juyendo,
1320 Siempre pobre y perseguido,
No tiene cueva ni nido
Como si juera maldito—
Porque el ser gaucho... barajo,
El ser gaucho es un delito.

1325 Es como el patrio de posta:[137]
Lo larga éste, aquél lo toma,–
Nunca se acaba la broma–
Dende chico se parece
Al arbolito que crece,
1330 Desamparao en la loma.

Le echan la agua del bautismo
A aquel que nació en la selva,
«Buscá madre que te engüelva»
Le dice el flaire[138] y lo larga,
1335 Y dentra a cruzar el mundo
Como burro con la carga.

Y se cría viviendo al viento
Como oveja sin trasquila–[139]
Mientras su padre en las filas
1340 Anda sirviendo al Gobierno–
Aunque tirite en invierno
Naide lo ampara ni asila.

Le llaman «gaucho mamao»
Si lo pillan divertido,
1345 Y que es mal entretenido
Si en un baile lo sorprienden;
Hace ma, si se defiende
Y si no, se ve... fundido.

137. Caballo de posta.
138. Fraile.
139. Sin protección, abandonado.

No tiene hijos, ni mujer,
1350 Ni amigos, ni protetores,
Pues todos son sus señores
Sin que ninguno lo ampare–
Tiene la suerte del güey–[140]
Y dónde irá el güey que no are.

1355 Su casa es el pajonal,
Su guarida es el desierto;–
Y si de hambre medio muerto
Le echa el lazo a algún mamón,
Lo persiguen como a plaito,
1360 Porque es un gaucho ladrón.

Y si de un golpe por ahi
Lo dan güelta panza arriba,
No hay una alma compasiva
Que le rece una oración–
1365 Tal vez como cimarrón
En una cueva lo tiran.

Él nada gana en la paz
Y es el primero en la guerra–
No le perdonan si yerra
1370 Que no saben perdonar,–
Porque el gaucho en esta tierra
Sólo sirve pa votar.

Para él son los calabozos,
Para él las duras prisiones–
1375 En su boca no hay razones
Aunque la razón le sobre,
Que son campanas de palo[141]
Las razones de los pobres.

140. Buey.
141. Campanas que no suenan, como las quejas de los pobres que son desoídas.

Si uno aguanta es gaucho bruto–
1380 Si no aguanta es gaucho malo–
Dele azote, dele palo!
Porque es lo que él necesita!!–
De todo el que nació gaucho–
Ésta es la suerte maldita.

1385 Vamos suerte– vamos juntos
Dende que juntos nacimos–
Y ya que juntos vivimos
Sin podernos dividir...
Yo abriré con mi cuchillo
1390 El camino pa seguir.

IX

Matreriando[142] lo pasaba
Y a las casas no venía–
Solia arrimarme de día
Mas lo mesmo que el carancho,
1395 Siempre estaba sobre el rancho
Espiando a la polecía.

Viva el gaucho que ande mal
Como zorro perseguido–
Hasta que al menor descuido
1400 Se lo atarasquen[143] los perros,
Pues nunca le falta un yerro
Al hombre más alvertido.

Y en esa hora de la tarde
En que tuito se adormece,

142. Matrereando, haciendo vida de gaucho en rebeldía, fugitivo.
143. Dar tarascones, morder.

1405 Que el mundo dentrar parece
A vivir en pura calma–
Con las tristezas de su alma
Al pajonal enderiece.

Bala el tierno corderito
1410 Al lao de la blanca oveja,
Y a la vaca que se aleja
Llama el ternero amarrao–
Pero el gaucho desgraciao
No tiene a quien dar su queja.

1415 Ansí es que al venir la noche
Iba a buscar mi guarida–
Pues ande el tigre se anida
También el hombre lo pasa–
Y no queria que en las casas
1420 Me rodiara la partida.[144]

Pues aun cuando vengan ellos
Cumpliendo con sus deberes,
Yo tengo otros pareceres
Y en esa conduta vivo–
1425 Que no debe un gaucho altivo
Peliar entre las mujeres.

Y al campo me iba solito,
Más matrero que el venao–
Como perro abandonao
1430 A buscar una tapera,
O en alguna vizcachera
Pasar la noche tirao.

Sin punto ni rumbo fijo
En aquella inmensidá

144. Fuerza policial.

1435 Entre tanta escuridá
Anda el gaucho como duende,
Allí jamás lo sorpriende
Dormido la autoridá.

Su esperanza es el coraje,
1440 Su guardia es la precaución,
Su pingo es la salvación,
Y pasa uno en su desvelo,
Sin más amparo que el cielo
Ni otro amigo que el facón.

....
....
....

1445 Ansí me hallaba una noche
Contemplando las estrellas,
Que le parecen más bellas
Cuando uno es más desgraciao,
Y que Dios las haiga criao
1450 Para consolarse en ellas.

Les tiene el hombre cariño
Y siempre con alegría
Ve salir las tres marías
Y si llueve, cuanto escampa,
1455 Las estrellas son la guía
Que el gaucho tiene en la Pampa.

Aquí no valen Dotores,
Sólo vale la esperencia,
Aquí verian su inocencia
1460 Esos que todo lo saben;–
Porque esto tiene otra llave
Y el gaucho tiene su cencia.

Es triste en medio del campo
Pasarse noches enteras
1465 Contemplando en sus carreras
Las estrellas que Dios cría,–
Sin tener más compañía
Que su delito y las fieras.

Me encontraba como digo,
1470 En aquella soledá
Entre tanta escuridá
Echando al viento mis quejas;
Cuando el grito del chajá
Me hizo parar las orejas.

1475 Como lumbriz me pegué
Al suelo para escuchar.
Pronto sentí retumbar
Las pisadas de los fletes,
Y que eran muchos jinetes
1480 Conocí sin vacilar.

Cuando el hombre está en peligro
No debe tener confianza,
Ansí tendido de panza
Puse toda mi atención,
1485 Y ya escuché sin tardanza
Como el ruido de un latón.[145]

Se venian tan calladitos
Que yo me puse en cuidao,
Tal vez me hubieran bombiao[146]
1490 Y me venian a buscar,
Mas no quise disparar
Que eso es de gaucho morao.[147]

145. Sable.
146. Espiado.
147. Cobarde.

Al punto me santigüé
Y eché de giniebra un taco,[148]
1495 Lo mesmito que el mataco[149]
Me arrollé con el porrón:
«Si han de darme pa tabaco»,
dije, «ésta es güena ocasión.»

Me refalé las espuelas,
1500 Para no peliar con grillos,
Me arremangué el calzoncillo,
Y me ajusté bien la faja,
Y en una mata de paja
Probé el filo del cuchillo.

1505 Para tenerlo a la mano
El flete en el pasto até–
La cincha le acomodé,
Y en un trance como aquel,
Haciendo espaldas en él
1510 Quietito los aguardé.

Cuanto cerca los sentí
Y que ahi nomás se pararon,
Los pelos se me erizaron
Y aunque nada vian mis ojos,
1515 –«No se han de morir de antojo»,
Les dije, cuando llegaron.

Yo quise hacerles saber
Que allí se hallaba un varón,
Les conocí la intención
1520 Y solamente por eso
Es que les gané el tirón,
Sin aguardar voz de preso.

148. Un trago.
149. Quirquincho.

－«Vos sos un gaucho matrero»
Dijo uno, haciéndose el güeno.
1525 «Vos matastes un moreno
«Y otro en una pulpería,
«Y aquí está la polecía
«Que viene a justar tus cuentas,
«Te va a alzar por las cuarenta[150]
1530 «Si te resistís hoy día.»

－«No me vengan», contesté,
«Con relación de dijuntos;
«Esos son otros asuntos;
«Veán si me pueden llevar,
1535 «Que yo no me he de entregar
«Aunque vengan todos juntos.»

Pero no aguardaron más,
Y se apiaron en montón－
Como a perro cimarrón
1540 Me rodiaron entre tantos,
Yo me encomendé a los Santos,
Y eché mano a mi facón.

Y ya vide el fogonazo
De un tiro de garabina,[151]
1545 Mas quiso la suerte indina[152]
De aquel maula, que me errase,
Y ahi no más lo levantase
Lo mesmo que una sardina.

A otro que estaba apurao
1550 Acomodando una bola,
Le hice una dentrada sola,

150. Dar un escarmiento.
151. Carabina.
152. Indigna.

Y le hice sentir el fierro,
Y ya salió como el perro
Cuando le pisan la cola.

1555 Era tanta la aflición
Y la angurria que tenían,
Que tuitos se me venían
Donde yo los esperaba,
Uno al otro se estorbaba
1560 Y con las ganas no vían.

Dos de ellos que traiban sables
Más garifos[153] y resueltos,
En las hilachas envueltos
Enfrente se me pararon,
1565 Y a un tiempo me atropellaron
Lo mesmo que perros sueltos.

Me fui reculando en falso
Y el poncho adelante eché,
Y en cuanto le puso el pie
1570 Uno medio chapetón,[154]
De pronto le di el tirón
Y de espaldas lo largué.

Al verse sin compañero
El otro se sofrenó,
1575 Entonces le dentré yo,
Sin dejarlo resollar,
Pero ya empezó a aflojar,
Y a la pu... n... ta disparó.

Uno que en una tacuara
1580 Habia atao una tijera,

153. Arrogantes.
154. Inexperto.

Se vino como si juera
Palenque de atar terneros,
Pero en dos tiros certeros
Salió aullando campo ajuera.

1585 Por suerte en aquel momento
Venia coloriando el alba
Y yo dije «Si me salva
«La Virgen en este apuro,
«En adelante le juro
1590 «Ser más güeno que una malba.»

Pegué un brinco y entre todos
Sin miedo me entreveré–
Hecho ovillo me quedé
Y ya me cargó una yunta,
1595 Y por el suelo la punta
De mi facón les jugué.

El más engolosinao
Se me apió con un hachazo,
Se lo quité con el brazo
1600 De no, me mata los piojos;[155]
Y antes de que diera un paso
Le eché tierra en los dos ojos.

Y mientras se sacudía
Refregándose la vista,
1605 Yo me le fui como lista
Y ahi no más me le afirmé
Diciéndole: «Dios te asista»
Y de un revés lo voltié.

155. *Matar los piojos*: herir en la cabeza.

Pero en ese punto mesmo
1610 Sentí que por las costillas
Un sable me hacia cosquillas
Y la sangre se me heló–
Dende ese momento yo,
Me salí de mis casillas.

1615 Di para atrás unos pasos
Hasta que pude hacer pie,
Por delante me lo eché
De punta y tajos a un criollo,
Metió la pata en un hoyo
1620 Y yo al hoyo lo mandé.

Tal vez en el corazón
Lo tocó un Santo Bendito
A un gaucho que pegó el grito,
Y dijo: –«Cruz no consiente
1625 «Que se cometa el delito
«De matar ansí un valiente!»

Y ahi no más se me aparió[156]
Dentrándole a la partida,
Yo les hice otra embestida
1630 Pues entre dos era robo;
Y el Cruz era como lobo
Que defiende su guarida.

Uno despachó al infierno
De dos que lo atropellaron,
1635 Los demás remoliniaron,
Pues íbamos a la fija,[157]
Y a poco andar dispararon
Lo mesmo que sabandija.

156. Ponerse al lado.
157. Ir a lo seguro.

Ahi quedaban largo a largo
1640 Los que estiraron la jeta,
Otro iba como maleta,
Y Cruz de atrás les decía:
«Que venga otra polecía
«A llevarlos en carreta.»

1645 Yo junté las osamentas,
Me hinqué y les recé un bendito,
Hice una cruz de un palito
Y pedí a mi Dios clemente,
Me perdonara el delito
1650 De haber muerto tanta gente.

Dejamos amontonaos
A los pobres que murieron,
No sé si los recogieron
Porque nos fuimos a un rancho,
1655 O si tal vez los caranchos
Ahi no más se los comieron.

Lo agarramos mano a mano
Entre los dos al porrón,
En semejante ocasión
1660 Un trago a cualquiera encanta,
Y Cruz no era remolón
Ni pijotiaba[158] garganta.

Calentamos los gargueros
Y nos largamos muy tiesos,
1665 Siguiendo siempre los besos
Al pichel,[159] y por más señas,
Íbamos como cigüeñas
Estirando los pescuezos.

158. Mezquinaba.
159. Botella.

–«Yo me voy, le dije, amigo,
1670 «Donde la suerte me lleve,
«Y si es que alguno se atreve
«A ponerse en mi camino
«Yo seguiré mi destino
«Que hace el hombre lo que debe.»

1675 «Soy un gaucho desgraciao
«No tengo donde ampararme,
«Ni un palo donde rascarme,
«Ni un árbol que me cubije,
«Pero ni aun esto me aflige
1680 «Porque yo sé manejarme.»

«Antes de cair al servicio
«Tenia familia y hacienda,
«Cuando volví, ni la prenda
«Me la habian dejao ya,–
1685 «Dios sabe en lo que vendrá
«A parar esta contienda.»

X

CRUZ

–Amigazo, pa sufrir
Han nacido los varones–
Éstas son las ocasiones
1690 De mostrarse un hombre juerte,
Hasta que venga la muerte
Y lo agarre a coscorrones.

El andar tan despilchao[160]
Ningún mérito me quita,
1695 Sin ser una alma bendita
Me duelo del mal ajeno:
Soy un pastel con relleno
Que parece torta frita.

Tampoco me faltan males
1700 Y desgracias le prevengo,
También mis desdichas tengo,
Aunque esto poco me aflige–
Yo sé hacerme el chancho rengo[161]
Cuando la cosa lo esige.

1705 Y con algunos ardiles[162]
Voy viviendo, aunque rotoso,
A veces me hago el sarnoso
Y no tengo ni un granito,
Pero al chifle[163] voy ganoso
1710 Como panzón al maiz frito.

A mí no me matan penas
Mientras tenga el cuero sano,
Venga el sol en el verano
Y la escarcha en el invierno–
1715 Si este mundo es un infierno
¿Por qué afligirse el cristiano?

Hagámosle cara fiera
A los males, compañero,
Porque el zorro más matrero

160. Mal vestido.
161. *Hacerse el chancho rengo*: disimular.
162. Ardides.
163. Recipiente para llevar líquidos.

1720 Suele cair como un chorlito;
     Viene por un corderito
     Y en la estaca deja el cuero.

     Hoy tenemos que sufrir
     Males que no tienen nombre
1725 Pero esto a naides lo asombre
     Porque ansina es el pastel;
     Y tiene que dar el hombre
     Más güeltas que un carretel.

     Yo nunca me he de entregar
1730 A los brazos de la muerte—
     Arrastro mi triste suerte
     Paso a paso y como pueda—
     Que donde el débil se queda
     Se suele escapar el juerte.

1735 Y ricuerde cada cual
     Lo que cada cual sufrió;
     Que lo que es, amigo, yo,
     Hago ansí la cuenta mía:
     Ya lo pasado pasó—
1740 Mañana será otro día.

     Yo también tuve una pilcha[164]
     Que me enllenó el corazón—
     Y si en aquella ocasión
     Alguien me hubiera buscao—
1745 Siguro que me habia hallao
     Más prendido que un botón.

     En la güella del querer
     No hay animal que se pierda—

164. En este caso, «pilcha» significa mujer, equivalente a «prenda».

Las mujeres no son lerdas–
1750 Y todo gaucho es dotor
Si pa cantarle el amor
Tiene que templar las cuerdas.

Quién es de una alma tan dura
Que no quiera a una mujer!
1755 Lo alivia en su padecer:
Si no sale calavera
Es la mejor compañera
Que el hombre puede tener.

Si es güena no lo abandona
1760 Cuando lo ve desgraciao,
Lo asiste con su cuidao
Y con afán cariñoso.
Y usté tal vez ni un rebozo
Ni una pollera le ha dao.

1765 Grandemente lo pasaba
Con aquella prenda mía–
Viviendo con alegría
Como la mosca en la miel–
¡Amigo, qué tiempo aquel!
1770 La pucha– que la quería!

Era la águila que a un árbol
Dende las nubes bajó,
Era más linda que el alba
Cuando va rayando el sol–
1775 Era la flor deliciosa
Que entre el trebolar creció.

Pero, amigo, el comendante
Que mandaba la milicia,
Como que no desperdicia
1780 Se fue refalando a casa,–

Yo le conocí en la traza
Que el hombre traiba malicia.

Él me daba voz de amigo,
Pero no le tenia fe—
1785 Era el jefe, y ya se ve,
No podia competir yo—
En mi rancho se pegó
Lo mesmo que zaguaipé.[165]

A poco andar conocí,
1790 Que ya me habia desbancao.
Y él siempre muy entonao
Aunque sin darme ni un cobre,
Me tenia de lao a lao
Como encomienda de pobre.

1795 A cada rato, de chasque
Me hacía dir a gran distancia,
Ya me mandaba a una estancia,
Ya al pueblo, ya a la frontera—
Pero él en la comendancia
1800 No ponia los pies siquiera.

Es triste a no poder más
El hombre en su padecer,
Si no tiene una mujer
Que lo ampare y lo consuele;
1805 Mas pa que otro se la pele
Lo mejor es no tener.

No me gusta que otro gallo
Le cacaree a mi gallina—
Yo andaba ya con la espina,
1810 Hasta que en una ocasión

165. Sanguijuela.

Lo pillé junto al jogón
Abrazándome a la china.

Tenia el viejito una cara
De ternero mal lamido,
1815 Y al verlo tan atrevido
Le dije: –«Que le aproveche;
«Que habia sido pal amor
«Como gaucho pa la leche.»

Peló la espada y se vino
1820 Como a quererme ensartar,
Pero yo sin tutubiar
Le volví al punto a decir:
–«Cuidao no te vas a pér... tigo
«Poné cuarta pa salir.»[166]

1825 Un puntazo me largó
Pero el cuerpo le saqué,
Y en cuanto se lo quité
Para no matar un viejo,
Con cuidao, medio de lejos
1830 Un planazo le asenté.

Y como nunca al que manda
Le falta algún adulón,
Uno que en esa ocasión
Se encontraba allí presente,
1835 Vino apretando los dientes
Como perrito mamón.

Me hizo un tiro de revuélver
Que el hombre creyó siguro,
Era confiao y le juro

---

166. Forma de advertirle que va a necesitar ayuda para salir de ese trance.

1840   Que cerquita se arrimaba–
        Pero siempre en un apuro
        Se desentumen mis tabas.[167]

        Él me siguió menudiando[168]
        Mas sin poderme acertar,
1845   Y yo, dele culebriar,
        Hasta que al fin le dentré
        Y ahi no más lo despaché
        Sin dejarlo resollar.

        Dentré a campiar[169] en seguida
1850   Al viejito enamorao;
        El pobre se habia ganao
        En un noque de lejía–[170]
        ¡Quién sabe cómo estaría
        Del susto que habia llevao!

1855   Es zonzo el cristiano macho
        Cuando el amor lo domina!–
        Él la miraba a la indina,
        Y una cosa tan jedionda[171]
        Sentí yo, que ni en la fonda
1860   He visto tal jedentina.[172]

        Y le dije: –«Pa su agüela
        «Han de ser esas perdices».
        Yo me tapé las narices

167. En sentido figurado, desentumecerse las articulaciones.
168. Repartiendo golpes.
169. De campear; buscar animales o personas en el campo abierto.
170. El «noque» es una bolsa de cuero para guardar provisiones. La «lejía» es una sustancia que servía para hacer jabón.
171. Hedionda.
172. Hediondez.

Y me salí estornudando,
1865 Y el viejo quedó olfatiando
Como chico con lumbrices.

Cuando la mula recula
Señal que quiere cociar–
Ansí se suele portar
1870 Aunque ella lo disimula,
Recula como la mula
La mujer, para olvidar.

Alcé mi poncho y mis prendas
Y me largué a padecer
1875 Por culpa de una mujer
Que quiso engañar a dos–
Al rancho le dije *adiós*
Para nunca más volver.

Las mujeres, dende entonces,
1880 Conocí a todas en una–
Ya no he de probar fortuna
Con carta tan conocida:
Mujer y perra parida
No se me atraca ninguna!

XI

1885 A otros les brotan las coplas
Como agua de manantial:
Pues a mí me pasa igual
Aunque las mias nada valen,
De la boca se me salen
1890 Como ovejas del corral.

Que en puertiando[173] la primera
Ya la siguen las demás.
Y en montones las de atrás
Contra los palos se estrellan,
1895 Y saltan y se atropellan
Sin que se corten jamás.

Y aunque yo por mi inorancia
Con gran trabajo me esplico,
Cuando llego a abrir el pico,
1900 Ténganlo por cosa cierta,
Sale un verso y en la puerta
Ya asoma el otro el hocico.

Y emprésteme su atención
Me oirá relatar las penas
1905 De que traigo la alma llena–
Porque en toda circustancia
Paga el gaucho su inorancia
Con la sangre de las venas.

Después de aquella desgracia
1910 Me refugié en los pajales,
Anduve entre los cardales
Como bicho sin guarida–
Pero, amigo, es esa vida
Como vida de animales.

1915 Y son tantas las miserias
En que me he sabido ver
Que con tanto padecer
Y sufrir tanta aflición,
Malicio que he de tener
1920 Un callo en el corazón.

173. Hacer punta, salir.

Ansí andaba como guacho
Cuando pasa el temporal–
Supe una vez por mi mal
De una milonga que había,
1925 Y ya pa la pulpería
Enderecé mi bagual.

Era la casa del baile
Un rancho de mala muerte,
Y se enllenó de tal suerte
1930 Que andábamos a empujones;–
Nunca faltan encontrones
Cuando el pobre se divierte.

Yo tenia unas medias botas
Con tamaños verdugones–[174]
1935 Me pusieron los talones
Con cresta como los gallos
Si viera mis afliciones
Pensando yo que eran callos.

Con gato y con fandanguillo
1940 Habia empezao el changango[175]
Y para ver el fandango
Me colé haciéndome bola–[176]
Mas, metió el diablo la cola,
Y todo se volvió pango.[177]

1945 Habia sido el guitarrero
Un gaucho duro de boca–[178]

174. Molestias en el calzado, por efecto de las arrugas o las costuras.
175. Fiesta con música.
176. *Hacerse bola*: encogerse.
177. *Hacerse pango*: malograrse.
178. *Duro de boca*: insolente, atrevido.

Yo tengo pacencia poca
Pa aguantar cuando no debo,
A ninguno me le atrevo
1950 Pero me halla el que me toca.

A bailar un pericón
Con una moza salí,
Y cuanto me vido allí
Sin duda me conoció–
1955 Y estas coplitas cantó
Como por rairse de mí:

«Las mujeres son todas
«Como las mulas–
«Yo no digo que todas
1960 «Pero hay algunas
«Que a las aves que vuelan
«Les sacan plumas.»

«Hay gauchos que presumen
«De tener damas–
1965 «No digo que presumen
«Pero se alaban
«Y a lo mejor los dejan
«Tocando tablás.»

Se secretiaron las hembras–
1970 Y yo ya me encocoré–[179]
Volié la anca y le grité
«Dejá de cantar... chicharra»[180]
Y de un tajo a la guitarra
Tuitas las cuerdas corté.

179. Enojarse.
180. Cigarra.

1975   Al punto salió de adentro
        Un gringo con un jusil—[181]
        Pero nunca he sido vil,
        Poco el peligro me espanta—
        Yo me refalé la manta
1980   Y la eché sobre el candil.

        Gané en seguida la puerta
        Gritando: –«Naides me ataje»
        Y alborotao el hembraje
        Lo que todo quedo escuro,
1985   Empezó a verse en apuro
        Mesturao con el gauchaje.

        El primero que salió
        Fue el cantor, y se me vino—
        Pero yo no pierdo el tino
1990   Aunque haiga tomao un trago—
        Y hay algunos por mi pago
        Que me tienen por ladino.–

        No ha de haber achocao[182] otro—
        Le salió cara la broma;
1995   A su amigo cuando toma
        Se le despeja el sentido,
        Y el pobrecito habia sido
        Como carne de paloma.[183]

        Para prestar un socorro
2000   Las mujeres no son lerdas—
        Antes que la sangre pierda
        Lo arrimaron a unas pipas—

181. Fusil.
182. Provocado.
183. *Ser carne de paloma*: ser débil, cobarde.

Ahi lo dejé con las tripas
Como pa que hiciera cuerdas.

2005 Monté y me largué a los campos
Más libre que el pensamiento,
Como las nubes al viento
A vivir sin paradero,
Que no tiene el que es matrero
2010 Nido, ni rancho, ni asiento.

No hay fuerza contra el destino
Que le ha señalao el Cielo—
Y aunque no tenga consuelo
Aguante el que está en trabajo—
2015 ¡Naides se rasca pa abajo!
¡Ni se lónjea contra el pelo![184]

Con el gaucho desgraciao
No hay uno que no se entone—
La menor falta lo espone
2020 A andar con los avestruces!
Faltan otros con más luces
Y siempre hay quien los perdone.

XII

Yo no sé qué tantos meses
Esta vida me duró,
2025 A veces nos obligó
La miseria a comer potro—
Me habia acompañao con otros
Tan desgraciaos como yo.—

184. *Ni se lonjea contra el pelo*: es decir, nadie pela un cuero a cuchillo en contra
de la dirección que tienen los pelos, nadie pela a contrapelo.

Mas ¿para qué platicar
2030 Sobre esos males,– canejo?[185]
Nace el gaucho y se hace viejo,
Sin que mejore su suerte,
Hasta que por ahi la muerte
Sale a cobrarle el pellejo.[186]

2035 Pero como no hay desgracia
Que no acabe alguna vez,
Me aconteció que despés
De sufrir tanto rigor,
Un amigo por favor
2040 Me compuso con el Juez.

Le alvertiré que en mi pago
Ya no va quedando un criollo,
Se los ha tragao el hoyo,
O juido o muerto en la guerra,
2045 Porque, amigo, en esta tierra
Nunca se acaba el embrollo.–

Colijo que jue por eso
Que me llamó el Juez un día,
Y me dijo que quería
2050 Hacerme a su lao venir,
Y que dentrase a servir
De soldao de Polecía.

Y me largó una ploclama
Tratándome de valiente,
2055 Que yo era un hombre decente,
Y que dende aquel momento
Me nombraba de sargento
Pa que mandara la gente.

185. Eufemismo por «carajo».
186. Sale a reclamarle la vida.

Ansí estuve en la partida
2060 Pero, ¿qué habia de mandar?
Anoche al irlo a tomar
Vide güena coyontura—
Y a mí no me gusta andar
Con la lata a la cintura.[187]

. . . .
. . . .
. . . .

2065 Ya conoce, pues, quién soy,
Tenga confianza conmigo,
Cruz le dio mano de amigo
Y no lo ha de abandonar—
Juntos podemos buscar
2070 Pa los dos un mesmo abrigo.

Andaremos de matreros
Si es preciso pa salvar—
Nunca nos ha de faltar
Ni un güen pingo[188] para juir,
2075 Ni un pajal ande dormir,
Ni un matambre que ensartar.

Y cuando sin trapo alguno
Nos haiga el tiempo dejao—
Yo le pediré emprestao
2080 El cuero a cualquiera lobo
Y hago un poncho, si lo sobo,
Mejor que poncho engomao.

Para mí la cola es pecho
Y el espinazo cadera—

187. Andar con el sable al cinto.
188. Caballo notable por sus condiciones.

2085   Hago mi nido ande quiera
      Y de lo que encuentro como–
      Me echo tierra sobre el lomo[189]
      Y me ápeo en cualquier tranquera.[190]

      Y dejo correr la bola
2090   Que algún dia se ha de parar–
      Tiene el gaucho que aguantar
      Hasta que lo trague el hoyo–
      O hasta que venga algún criollo
      En esta tierra a mandar.

2095   Lo miran al pobre gaucho
      Como carne de cogote:
      Lo tratan al estricote–[191]
      Y si ansí las cosas andan,
      Porque quieren los que mandan
2100   Aguantemos los azotes.

      Pucha– si usté los oyera
      Como yo en una ocasión,
      Tuita la conversación
      Que con otro tuvo el juez–
2105   Le asiguro que esa vez
      Se me achicó el corazón.

      Hablaban de hacerse ricos
      Con campos en la frontera–
      De sacarla más afuera

189. *Echar tierra sobre el lomo*: alude a los toros, que cuando se empacan, escarban la tierra en señal de provocación, como un acto bravío. En sentido figurado, significa hacerle frente a cualquier situación, más allá del peligro.
190. *Apearse en cualquier tranquera*: aquí significa no tener reparos en pedir ayuda cuando se lo necesita.
191. Aspereza, rudeza.

2110 Donde habia campos baldidos–[192]
      Y llevar de los partidos[193]
      Gente que la defendiera.

      Todos se güelven proyectos
      De colonias y carriles–
2115 Y tirar la plata a miles
      En los gringos enganchaos,
      Mientras el pobre soldao
      Le pelan la chaucha–[194] Ah! viles.–
      Pero si siguen las cosas
2120 Como van hasta el presente
      Puede ser que de repente
      Veamos el campo disierto,
      Y blanquiando solamente
      Los güesos de los que han muerto.

2125 Hace mucho que sufrimos
      La suerte reculativa–[195]
      Trabaja el gaucho y no arriba,
      Pues a lo mejor del caso,
      Lo levantan de un sogazo
2130 Sin dejarle ni saliva.

      De los males que sufrimos
      Hablan mucho los puebleros,
      Pero hacen como los teros
      Para esconder sus niditos:
2135 En un lao pegan los gritos
      Y en otro tienen los güevos.

---

192. Baldíos.
193. Subdivisión territorial de la provincia de Buenos Aires.
194. *Pelar la chaucha*: en sentido figurado, despojar, explotar a una persona.
195. Mala suerte, suerte que recula.

Y se hacen los que no aciertan
A dar con la coyontura–[196]
Mientras al gaucho lo apura
2140 Con rigor la autoridá,
Ellos a la enfermedá,
Le están errando la cura.

XIII

Martín Fierro

Ya veó que somos los dos
Astillas del mesmo palo–
2145 Yo paso por gaucho malo
Y usté anda del mesmo modo,
Y yo pa acabarlo todo
A los indios me refalo.[197]

Pido perdón a mi Dios
2150 Que tantos bienes me hizo–
Pero dende que es preciso
Que viva entre los infieles–
Yo seré cruel con los crueles–
Ansí mi suerte lo quiso.

2155 Dios formó lindas las flores,
Delicadas como son–
Les dio toda perfeción
Y cuanto él era capaz–
Pero al hombre le dio más
2160 Cuando le dio el corazón.

196. Coyontura, articulación; en este caso, acertar, encontrar la solución.
197. *A los indios me refalo*: ir hacia donde están los indios.

Le dio claridá a la luz,
Juerza en su carrera al viento,
Le dio vida y movimiento
Dende la águila al gusano—
2165 Pero más le dio al cristiano
Al darle el entendimiento.

Y aunque a las aves les dio
Con otras cosas que inoro
Esos piquitos como oro
2170 Y un plumaje como tabla—
Le dio al hombre más tesoro
Al darle una lengua que habla.

Y dende que dio a las fieras
Esa juria tan inmensa,
2175 Que no hay poder que las venza
Ni nada que las asombre—
¿Qué menos le daria al hombre
Que el valor pa su defensa?

Pero tantos bienes juntos
2180 Al darle, malicio yo
Que en sus adentros pensó
Que el hombre los precisaba,
Que los bienes igualaba
Con las penas que le dio.

2185 Y yo empujao por las mías
Quiero salir de este infierno:—
Ya no soy pichón muy tierno
Y sé manejar la lanza—
Y hasta los indios no alcanza
2190 La facultá del Gobierno.

Yo sé que allá los caciques
Amparan a los cristianos,

Y que los tratan de «Hermanos»
Cuando se van por su gusto—
2195   A qué andar pasando sustos...
Alcemos el poncho[198] y vamos.

En la cruzada hay peligros,
Pero ni aun esto me aterra—
Yo ruedo sobre la tierra
2200   Arrastrao por mi destino—
Y si erramos el camino...
No es el primero que lo erra.

Si hemos de salvar o no—
De esto naides nos responde,
2205   Derecho ande el sol se esconde
Tierra adentro hay que tirar,
Algún dia hemos de llegar
Después sabremos adónde.

No hemos de perder el rumbo
2210   Los dos somos güena yunta—
El que es gaucho ve ande apunta,
Aunque inore ande se encuentra;
Pa el lao en que el sol se dentra
Dueblan los pastos la punta.

2215   De hambre no pereceremos
Pues sigún otros me han dicho
En los campos se hallan bichos
De los que uno necesita...
Gamas, matacos, mulitas,
2220   Avestruces y quirquinchos.

Cuando se anda en el disierto
Se come uno hasta las colas—
Lo han cruzao mujeres solas

---

198. *Alzar el poncho*: rebelarse contra la autoridad y marcharse.

Llegando al fin con salú,
2225 Y ha de ser gaucho el ñandú
Que se escape de mis bolas.

Tampoco a la sé le temo,
Yo la aguanto muy contento,
Busco agua olfatiando el viento
2230 Y dende que no soy manco,
Ande hay duraznillo blanco
Cavo, y la saco al momento.

Allá habrá siguridá
Ya que aquí no la tenemos,
2235 Menos males pasaremos
Y ha de haber grande alegría
El dia que nos descolguemos
En alguna toldería.

Fabricaremos un toldo
2240 Como lo hacen tantos otros,
Con unos cueros de potro,
Que seá sala y seá cocina,
¡Tal vez no falte una china
Que se apiade de nosotros!

2245 Allá no hay que trabajar,
Vive uno como un señor–
De cuando en cuando un malón–
Y si de él sale con vida,
Lo pasa echao panza arriba
2250 Mirando dar güelta el sol.

Y ya que a juerza de golpes
La suerte nos dejó a flus,[199]

199. Desamparado.

Puede que allá veamos luz
Y se acaben nuestras penas;
2255 Todas las tierras son güenas...
Vámonos amigo Cruz.

El que maneja las bolas,
El que sabe echar un pial,[200]
Y sentársele a un bagual
2260 Sin miedo de que lo baje,
Entre los mesmos salvajes
No puede pasarlo mal.

El amor como la guerra
Lo hace el criollo con canciones–
2265 A más de eso en los malones
Podemos aviarnos de algo;
En fin, amigo, yo salgo
De estas pelegrinaciones.

....
....
....
....
....
....

En este punto el cantor
2270 Buscó un porrón pa consuelo,
Echó un trago como un cielo
Dando fin a su argumento;
Y de un golpe al istrumento
Lo hizo astillas contra el suelo.

2275 «Ruempo, dijo, la guitarra
Pa no volverme a tentar;
Ninguno la ha de tocar,

200. Arrojar el lazo para atrapar un animal.

Por siguro tenganló;
Pues naides ha de cantar
2280 Cuando este gaucho cantó.»

Y daré fin a mis coplas
Con aire de relación,
Nunca falta un preguntón
Más curioso que mujer,
2285 Y tal vez quiera saber
Cómo fue la conclusión:

Cruz y Fierro de una estancia
Una tropilla se arriaron–
Por delante se la echaron
2290 Como criollos entendidos,
Y pronto, sin ser sentidos
Por la frontera cruzaron.

Y cuando la habian pasao,
Una madrugada clara
2295 Le dijo Cruz que mirara
Las últimas poblaciones;
Y a Fierro dos lagrimones
Le rodaron por la cara.

Y siguiendo el fiel del rumbo[201]
2300 Se entraron en el desierto–
No sé si los habrán muerto
En alguna correría,
Pero espero que algún día
Sabré de ellos algo cierto.

2305 Y ya con estas noticias
Mi relación acabé,
Por ser ciertas les conté,

201. El rumbo adoptado.

Todas las desgracias dichas–
Es un telar de desdichas
2310 Cada gaucho que usté ve.

Pero ponga su esperanza
En el Dios que lo formó,
Y que me despido yo
Que he relatao a mi modo,
2315 MALES QUE CONOCEN TODOS
PERO QUE NAIDES CANTÓ.

LA VUELTA DE MARTÍN FIERRO
(1879)

Cuatro palabras de conversación con los lectores

Entrego a la benevolencia pública, con el título *La vuelta de Martín Fierro*, la segunda parte de una obra que ha tenido una acogida tan generosa que, en seis años, se han repetido once ediciones con un total de cuarenta y ocho mil ejemplares.

Esto no es vanidad de autor, porque no rindo tributo a esa falsa diosa; ni bombo de editor, porque no lo he sido nunca de mis humildes producciones.

Es un recuerdo oportuno y necesario para explicar por qué el primer tiraje del presente libro consta de veinte mil ejemplares, divididos en cinco secciones o ediciones de cuatro mil números cada una, y agregaré que confío en que el acreditado Establecimiento Tipográfico del señor Coni hará una impresión esmerada, como la que tienen todos los libros que salen de sus talleres.

Lleva tambien diez ilustraciones incorporadas en el texto, y creo que en los dominios de la literatura es la primera vez que una obra sale de las prensas nacionales con esta mejora.

Así se empieza.

Las láminas han sido dibujadas y calcadas en la piedra por D. Carlos Clerice, artista compatriota que llegará a ser notable en su ramo, porque es joven, tiene escuela, sentimiento artístico, y amor al trabajo.

El grabado ha sido ejecutado por el señor Supot, que posee el arte, nuevo y poco generalizado todavía entre nosotros, de fijar en láminas metálicas lo que la habilidad del litógrafo ha calcado en la piedra, creando o imaginando posiciones que interpreten con claridad y sentimiento la escena descripta en el verso.

No se ha omitido, pues, ningún sacrificio a fin de hacer una publicación en las más aventajadas condiciones artísticas.

En cuanto a su parte literaria, sólo diré que no se debe perder de vista, al juzgar los defectos del libro, que es copia fiel de un original que los tiene; y repetiré que muchos defectos están allí con el objeto de hacer más evidente y clara la imitación de lo que lo son en realidad.

Un libro destinado a despertar la inteligencia y el amor a la lectura en una población casi primitiva, a servir de provechoso recreo, después de las fatigosas tareas, a millares de personas que jamás han leído, debe ajustarse estrictamente a los usos y costumbres de esos mismos lectores, rendir sus ideas e interpretar sus sentimientos en su mismo lenguaje, en sus frases más usuales, en su forma más general, aunque sea incorrecta; con sus imágenes de mayor relieve y con sus giros más característicos, a fin de que el libro se identifique con ellos de una manera tan estrecha, e íntima, que su lectura no sea sino una continuacion natural de su existencia.

Sólo así pasan sin violencia del trabajo al libro; y sólo así esa lectura puede serles amena, interesante y útil.

Ojalá hubiera un libro que gozara del dichoso privilegio de circular de mano en mano en esa inmensa población diseminada en nuestras vastas campañas, y que bajo una forma que lo hiciera agradable, que asegurara su popularidad, sirviera de ameno pasatiempo a sus lectores, pero:

Enseñando que el trabajo honrado es la fuente principal de toda mejora y bienestar;

Enalteciendo las virtudes morales que nacen de la ley natural y que sirven de base a todas las virtudes sociales;

Inculcando en los hombres el sentimiento de veneración hacia su Creador, inclinándolos a obrar bien;

Afeando las supersticiones ridículas y generalizadas que nacen de una deplorable ignorancia;

Tendiendo a regularizar y dulcificar las costumbres, enseñando, por medios hábilmente escondidos, la moderación y el aprecio de sí mismo y el respeto a los demás; estimulando la fortaleza por el espectáculo del infortunio acerbo, aconsejando la perseverancia en el bien y la resignación en los trabajos;

Recordando a los padres los deberes que la naturaleza les impone para con sus hijos, poniendo ante sus ojos los males que produce su olvido, induciéndolos por ese medio a que mediten y calculen por sí mismos todos los beneficios de su cumplimiento;

Enseñando a los hijos cómo deben respetar y honrar a los autores de sus días;

Fomentando en el esposo el amor a su esposa, recordando a esta los santos deberes de su estado; encareciendo la felicidad del hogar, enseñando a todos a tratarse con respeto recíproco, robusteciendo por todos estos medios los vínculos de la familia y de la sociabilidad;

Afirmando en los ciudadanos el amor a la libertad, sin apartarse del respeto que es debido a los superiores y magistrados;

Enseñando, a hombres con escasas nociones morales, que deben ser humanos y clementes, caritativos con el huérfano y con el desvalido; fieles a la amistad; gratos a los favores recibidos; enemigos de la holgazanería y del vicio; conformes con los cambios de fortuna; amantes de la verdad, tolerantes, justos y prudentes siempre.

Un libro que todo esto, más que esto, o parte de esto enseñara sin decirlo, sin revelar su pretensión, sin dejarla conocer siquiera, sería indudablemente un buen libro, y por cierto que levantaría el nivel moral e intelectual de sus lectores aunque dijera *naides* por nadie, *resertor* por desertor, *mesmo* por mismo, u otros barbarismos semejantes; cuya enmienda le está reservada a la escuela, llamada a llenar un vacío que el poema debe respetar, y a corregir vicios y defectos de fraseología, que son también elementos de que se debe apoderar el arte para combatir y extirpar males morales más fundamentales y trascendentes, examinándolos bajo el punto de vista de una filosofía más elevada y pura.

El progreso de la locución no es la base del progreso social, y un libro que se propusiera tan elevados fines debería prescindir por completo de las delicadas formas de la cultura de la frase, subordinándose a las imperiosas exigencias de sus propósitos moralizadores, que serían, en tal caso, el éxito buscado.

Los personajes colocados en escena deberían hablar en su lenguaje peculiar y propio, con su originalidad, su gracia y sus defectos naturales; porque, despojados de ese ropaje, lo serían igualmente de su carácter típico, que es lo único que los hace simpáticos, conservando la imitación y la verosimilitud en el fondo y en la forma.

Entra también en esta parte la elección del prisma a través del cual le es permitido a cada uno estudiar sus tiempos. Y aceptando esos defectos como un elemento, se idealiza también, se piensa, se inclina a los demás a que piensen igualmente, y se agrupan, se preparan y conservan pequeños monumentos de arte, para los que han de estudiarnos mañana y levantar el grande monumento de la historia de nuestra civilización.

El gaucho no conoce ni siquiera los elementos de su propio idioma y sería una impropiedad cuando menos, y una falta de verdad muy censurable, que quien no ha abierto jamás un libro siga las reglas de arte de Blair, Hermosilla o la Academia.

El gaucho no aprende a cantar. Su único maestro es la espléndida naturaleza que en variados y majestuosos panoramas se extiende delante de sus ojos. Canta porque hay en él cierto impulso moral, algo de métrico, de rítmico que domina en su organización, y que lo lleva hasta el extraordinario extremo de que todos sus refranes, sus dichos agudos, sus proverbios comunes, son expresados en dos versos octosílabos perfectamente medidos, acentuados con inflexible regularidad, llenos de armonía, de sentimiento y de profunda intención.

Eso mismo hace muy difícil, sino de todo punto imposible, distinguir y separar cuáles son los pensamientos originales del autor y cuáles los que son recogidos de las fuentes populares.

No tengo noticia que exista ni que haya existido una raza de hombres aproximados a la naturaleza, cuya sabiduría proverbial llene todas las condiciones rítmicas de nuestros proverbios gauchos.

Qué singular es, y qué digno de observación, el oír a nuestros paisanos más incultos expresar, en dos versos claros y sencillos, máximas y pensamientos morales que las naciones más antiguas, la India y la Persia, conservaban como el tesoro inestimable de su sabiduría proverbial; que los griegos escuchaban con veneración de boca de sus sabios más profundos, de Sócrates, fundador de la moral, de Platón y de Aristóteles; que entre los latinos difundió gloriosamente el afamado Séneca; que los hombres del Norte les dieron lugar preferente en su robusta y enérgica literatura; que la civilización moderna repite por medio de sus moralistas más esclarecidos, y que se hallan consagrados fundamentalmente en los códigos religiosos de todos los grandes reformadores de la humanidad.

Indudablemente hay cierta semejanza íntima, cierta identidad misteriosa, entre todas las razas del globo que sólo estudian en el gran libro de la naturaleza; pues que de él deducen, y vienen deduciendo desde hace más de tres mil años, la misma enseñanza, las mismas virtudes naturales, expresadas en prosa por todos los hombres del globo, y en versos por los gauchos que habitan las vastas y fértiles comarcas que se extienden a las dos márgenes del Plata.

El corazón humano y la moral son los mismos en todos los siglos.

Las civilizaciones difieren esencialmente. «Jamás se hará», dice el doctor don V. F. López en su prólogo a *Las neurosis*, «un profesor o un catedrático europeo, de un Bracma». Así debe ser, pero no ofrecería la misma dificultad el hacer de un gaucho un Bracma lleno de sabiduría, si es que los Bracmas hacen consistir toda su ciencia en su sabiduría proverbial, según los pinta el sabio conservador de la Biblioteca Nacional de París, en «La sabiduría popular de todas las naciones» que difundió en el nuevo mundo el americano Pazos Kanki.

Saturados de ese espíritu gaucho, hay entre nosotros algunos poetas de formas muy cultas y correctas; y no ha de escasear el género, porque es una producción legítima y espontánea del país y que, en verdad, no se manifiesta únicamente en el terreno florido de la literatura.

Concluyo aquí, dejando a la consideración de los benévolos lectores lo que yo no puedo decir sin extender demasiado este prefacio, poco necesario en las humildes coplas de un hijo del desierto.

¡Sea el público indulgente con él! Y acepte esta humilde producción, que le dedicamos como que es nuestro mejor y más antiguo amigo.

★ ★ ★

La originalidad de un libro debe empezar en el prólogo.

Nadie se sorprenda, por lo tanto, ni de la forma ni de los objetos que éste abraza; y debemos terminarlo haciendo público nuestro agradecimiento hacia los distinguidos escritores que acaban de honrarnos con su fallo, como el señor D. José Tomás Guido, en una bellísima carta que acogieron deferentes *La Tribuna* y *La Prensa*, y que reprodujeron en sus columnas varios periódicos de la República. El Dr. D. Adolfo Saldías, en un meditado trabajo sobre el tipo histórico y social del gaucho. El Dr. D. Miguel Navarro Viola, en la última entrega de la Biblioteca Popular, estimulándonos, con honrosos términos, a continuar en la tarea empezada.

Diversos periódicos de la ciudad y la campaña, como *El Heraldo*, del Azul; *La Patria*, de Dolores; *El Oeste*, de Mercedes, y otros, han adquirido también justos títulos a nuestra gratitud, que conservamos como una deuda sagrada.

Terminamos esta breve reseña con *La Capital*, del Rosario, que ha anunciado *La vuelta de Martín Fierro*, haciendo concebir esperanzas que Dios sabe si van a ser satisfechas.

Ciérrase este prólogo diciendo que se llama este libro *La vuelta de Martín Fierro*, porque este título le dio el público, antes, mucho antes de haber yo pensado en escribirlo; y allá va a correr tierras con mi bendición paternal.

JOSÉ HERNÁNDEZ

Esta edición sigue la primera de 1879 y ha sido cotejada con ediciones subsiguientes. Las notas están tomadas de la edición de Santiago M. Lugones.

1

MARTÍN FIERRO

1   Atención pido al silencio
Y silencio a la atención,
Que voy en esta ocasión
Si me ayuda la memoria,
5   A mostrarles que a mi historia
Le faltaba lo mejor.

Viene uno como dormido
Cuando vuelve del desierto;
Veré si a esplicarme acierto
10   Entre gente tan bizarra,
Y si al sentir la guitarra
De mi sueño me dispierto.

Siento que mi pecho tiembla
Que se turba mi razón,
15   Y de la vigüela al son
Imploro a la alma de un sabio,
Que venga a mover mi labio
Y alentar mi corazón.

Si no llego a treinta y una,[1]
20 De fijo en treinta me planto,
Y esta confianza adelanto
Porque recebí en mí mismo,
Con el agua del bautismo
La facultá para el canto.

25 Tanto el pobre como el rico
La razón me la han de dar;
Y si llegan a escuchar
Lo que esplicaré a mi modo,
Digo que no han de reir todos,
30 Algunos han de llorar.

Mucho tiene que contar
El que tuvo que sufrir,
Y empezaré por pedir
No duden de cuanto digo;
35 Pues debe crerse al testigo
Si no pagan por mentir.

Gracias le doy a la Virgen,
Gracias le doy al Señor,
Porque entre tanto rigor
40 Y habiendo perdido tanto,
No perdí mi amor al canto
Ni mi voz como cantor.

Que cante todo viviente
Otorgó el Eterno Padre.
45 Cante todo el que le cuadre
Como lo hacemos los dos,
Pues sólo no tiene voz
El ser que no tiene sangre.

1. Alusión a un juego de taba.

Canta el pueblero....Y es pueta;
50   Canta el gaucho....Y ay! Jesús!
Lo miran como avestruz
Su inorancia los asombra;
Mas siempre sirven las sombras
Para distinguir la luz.

55   El campo es del inorante,
El pueblo del hombre estruido;
Yo que en el campo he nacido
Digo que mis cantos son,
Para los unos.... sonidos,
60   Y para otros.... intención.

Yo he conocido cantores
Que era un gusto el escuchar;
Mas no quieren opinar
Y se divierten cantando;
65   Pero yo canto opinando
Que es mi modo de cantar.

El que va por esta senda
Cuanto sabe desembucha,
Y aunque mi cencia no es mucha,
70   Esto en mi favor previene;
Yo sé el corazón que tiene
El que con gusto me escucha.

Lo que pinta este pincel
Ni el tiempo lo ha de borrar,
75   Ninguno se ha de animar
A corregirme la plana;
No pinta quien tiene gana
Sinó quien sabe pintar.

Y no piensen los oyentes
80   Que del saber hago alarde;

He conocido aunque tarde
Sin haberme arrepentido,
Que es pecado cometido
El decir ciertas verdades.

85   Pero voy en mi camino
Y nada me ladiará,[2]
He de decir la verdá,
De naides soy adulón,
Aquí no hay imitación
90   Esta es pura realidá.

Y el que me quiera enmendar
Mucho tiene que saber—
Tiene mucho que aprender
El que me sepa escuchar—
95   Tiene mucho que rumiar
El que me quiera entender.

Más que yo y cuantos me oigan
Más que las cosas que tratan
Más que lo que ellos relatan
100   Mis cantos han de durar—
Mucho ha habido que mascar
Para echar esta bravata.

Brotan quejas de mi pecho,
Brota un lamento sentido;
105   Y es tanto lo que he sufrido
Y males de tal tamaño,
Que reto a todos los años
A que traigan el olvido.

Ya verán si me dispierto
110   Cómo se compone el baile—[3]

2. Desviará, torcerá.
3. *Componer el baile:* arreglar las cosas, decir la verdad, hacer justicia.

Y no se sorprenda naides
Si mayor fuego me anima;
Porque quiero alzar la prima[4]
Como pa tocar al aire–

115 Y con la cuerda tirante
Dende que ese tono elija,
Yo no he de aflojar manija[5]
Mientras que la voz no pierda;
Si no se corta la cuerda
120 O no cede la clavija.

Aunque rompí el estrumento
Por no volverme a tentar–
Tengo tanto que contar
Y cosas de tal calibre
125 Que Dios quiera que se libre
El que me enseñó a templar.–

De naides sigo el ejemplo,
Naide a dirigirme viene–
Yo digo cuanto conviene
130 Y el que en tal güeya se planta,
Debe cantar cuando canta
Con toda la voz que tiene.

He visto rodar la bola
Y no se quiere parar,
135 Al fin de tanto rodar
Me he decidido a venir
A ver si puedo vivir
Y me dejan trabajar.

4. En sentido figurado, persistir en un propósito.
5. En sentido figurado, ceder, darse por vencido.

           Sé dirigir la mansera[6]
140   Y también echar un pial–
       Sé correr en un rodeo–
       Trabajar en un corral–
       Me sé sentar en un pértigo[7]
       Lo mesmo que en un bagual.

145   Y empriestenmé su atención
       Si ansí me quieren honrar,
       De no, tendré que callar
       Pues el pájaro cantor
       Jamás se para a cantar
150   En árbol que no da flor.

       Hay trapitos que golpiar.[8]
       Y de aquí no me levanto;
       Escúchenme cuando canto
       Si quieren que desembuche–
155   Tengo que decirles tanto
       Que les mando que me escuchen.

       Déjenme tomar un trago
       Estas son otras cuarenta,[9]
       Mi garganta está sedienta
160   Y de esto no me abochorno–
       Pues el viejo como el horno
       Por la boca se calienta.

6. Mancera del arado, esteva.
7. Conducir el carro o carreta desde el pértigo, lo que exigía habilidad y destreza.
8. Hay cosas para decir.
9. *Otras cuarenta*: en sentido figurado, asunto importante.

2

Triste suena mi guitarra
Y el asunto lo requiere–
165   Ninguno alegrías espere
Sinó sentidos lamentos,
De aquel que en duros tormentos
Nace, crece, vive y muere.–

Es triste dejar sus pagos
170   Y largarse a tierra ajena
Llevándose la alma llena
De tormentos y dolores,
Mas nos llevan los rigores
Como el pampero a la arena.

175   Irse a cruzar el desierto
Lo mesmo que un forajido,
Dejando aquí en el olvido
Como dejamos nosotros,
Su mujer en brazos de otro
180   Y sus hijitos perdidos.–

Cuántas veces al cruzar
En esa inmensa llanura,
Al verse en tal desventura
Y tan lejos de los suyos
185   Se tira uno entre los yuyos
A llorar con amargura.

En la orilla de un arroyo
Solitario lo pasaba,
En mil cosas cavilaba
190   Y a una güelta repentina
Se me hacia ver a mi china[10]
O escuchar que me llamaba.

10. Expresión cariñosa para aludir a su amada.

Y las aguas serenitas
Bebe el pingo trago a trago–
195 Mientras sin ningún halago
Pasa uno hasta sin comer,
Por pensar en su mujer,
En sus hijos y en su pago.

Recordarán que con Cruz
200 Para el desierto tiramos–
En la pampa nos entramos,
Cayendo por fin del viaje
A unos toldos de salvajes,
Los primeros que encontramos.

205 La desgracia nos seguía,
Llegamos en mal momento–
Estaban en parlamento
Tratando de una invasión,
Y el indio en tal ocasión
210 Recela hasta de su aliento.

Se armó un tremendo alboroto
Cuando nos vieron llegar,
No pódiamos aplacar
Tan peligroso hervidero;
215 Nos tomaron por bomberos
Y nos quisieron lanciar.

Nos quitaron los caballos
A los muy pocos minutos;
Estaban irresolutos,
220 Quién sabe qué pretendían,
Por los ojos nos metían
Las lanzas aquellos brutos.

Y dele en su lengüeteo[11]
Hacer gestos y cabriolas;
225 Uno desató las bolas
Y se nos vino en seguida;
Ya no créiamos con vida
Salvar ni por carambola.

Allá no hay misericordia
230 Ni esperanza que tener–
El indio es de parecer
Que siempre matar se debe–
Pues la sangre que no bebe
Le gusta verla correr.

235 Cruz se dispuso a morir
Peliando y me convidó–
Aguantemos dije yo
El fuego hasta que nos queme–
Menos los peligros teme
240 Quien más veces los venció.–

Se debe ser más prudente
Cuanto el peligro es mayor;
Siempre se salva mejor
Andando con alvertencia,
245 Porque no está la prudencia
Reñida con el valor.–

Vino al fin el lenguaraz[12]
Como a trairnos el perdón,
Nos dijo –«La salvación
250 «Se la deben a un cacique,
«Me manda que les esplique
«Que se trata de un malón.»

11. Conversación confusa.
12. Intérprete de la lengua pampa y del español.

«Les ha dicho a los demás
«Que ustedes queden cautivos
255   «Por si cain algunos vivos
«En poder de los cristianos,
«Rescatar a sus hermanos
«Con estos dos fugitivos.»

Volvieron al parlamento
260   A tratar de sus alianzas,
O tal vez de las matanzas,
Y conforme les detallo–
Hicieron cerco a caballo
Recostándose en las lanzas.

265   Dentra al centro un indio viejo
Y allí a lengüetiar se larga,
Quién sabe qué les encarga,
Pero toda la riunión
Lo escuchó con atención
270   Lo menos tres horas largas.

Pegó al fin tres alaridos
Y ya principia otra danza;
Para mostrar su pujanza
Y dar pruebas de jinete
275   Dio riendas rayando el flete[13]
Y revoliando la lanza.–

Recorre luego la fila,
Frente a cada indio se para,
Lo amenaza cara a cara
280   Y en su juria aquel maldito
Acompaña con su grito
El cimbrar de la tacuara.

13. Sofrenar bruscamente y en una sola maniobra el caballo lanzado a la carrera.

Se vuelve aquello un incendio
Más feo que la mesma guerra–
285   Entre una nube de tierra
Se hizo allí una mescolanza,
De potros, indios y lanzas
Con alaridos que aterran.

Parece un baile de fieras,
290   Sigún yo me lo imagino–
Era inmenso el remolino,
Las voces aterradoras–
Hasta que al fin de dos horas
Se aplacó aquel torbellino.

295   De noche formaban cerco
Y en el centro nos ponían–
Para mostrar que querían
Quitarnos toda esperanza
Ocho o diez filas de lanzas
300   Alrededor nos hacían.

Allí estaban vigilantes
Cuidándonos a porfía,
Cuando roncar parecían
«*Huaincá*»[14] gritaba cualquiera,
305   Y toda la fila entera
«*Huaincá*»– «*Huaincá*» repetía.

Pero el indio es dormilón
Y tiene sueño projundo–
Es roncador sin segundo
310   Y en tal confianza es su vida,
Que ronca a pata tendida
Aunque se dé güelta el mundo.

14. Huinca: cristiano; voz de alerta de los indios pampas.

Nos aviriguaban todo
Como aquel que se previene–
315 Porque siempre les conviene
Saber las juerzas que andan,
Dónde están, quiénes las mandan,
Qué caballos y armas tienen.

A cada respuesta nuestra
320 Uno hace una esclamación–
Y luego en continuación
Aquellos indios feroces–
Cientos y cientos de voces
Repiten el mesmo son.

325 Y aquella voz de uno solo
Que empieza por un gruñido–
Llega hasta ser alarido
De toda la muchedumbre–
Y ansí alquieren la costumbre
330 De pegar esos bramidos.

3

De ese modo nos hallamos
Empeñaos en la partida–
No hay que darla por perdida
Por dura que seá la suerte;
335 Ni que pensar en la muerte
Sinó en soportar la vida.

Se endurece el corazón
No teme peligro alguno–
Por encontrarlo oportuno
340 Allí juramos los dos:
Respetar tan sólo a Dios
De Dios abajo, a ninguno.–

El mal es árbol que crece
Y que cortado retoña–
345 La gente esperta o bisoña
Sufre de infinitos modos–
La tierra es madre de todos,
Pero también da ponzoña.

Mas todo varón prudente
350 Sufre tranquilo sus males–
Yo siempre los hallo iguales
En cualquier senda que elijo–
La desgracia tiene hijos
Aunque ella no tiene madre.–

355 Y al que le toca la herencia
Donde quiera halla su ruina–
Lo que la suerte destina
No puede el hombre evitar–
Porque el cardo ha de pinchar
360 Es que nace con espina.

Es el destino del pobre
Un continuo zafarrancho,
Y pasa como el carancho
Porque el mal nunca se sacia,
365 Si el viento de la desgracia
Vuela las pajas del rancho.

Mas quien manda los pesares
Manda también el consuelo–
La luz que baja del cielo
370 Alumbra al más encumbrao,
Y hasta el pelo más delgao
Hace su sombra en el suelo.

Pero por más que uno sufra
Un rigor que lo atormente
375 No debe bajar la frente

Nunca– por ningún motivo–
El álamo es más altivo
Y gime constantemente.

....
....
....
....
....
....

El indio pasa la vida
380   Robando o echao de panza–
La única ley es la lanza
A que se ha de someter–
Lo que le falta en saber
Lo suple con desconfianza.

385   Fuera cosa de engarzarlo
A un indio caritativo–
Es duro con el cautivo,
Le dan un trato horroroso–
Es astuto y receloso,
390   Es audaz y vengativo–

No hay que pedirle favor
Ni que aguardar tolerancia–
Movidos por su inorancia
Y de puro desconfiaos–
395   Nos pusieron separaos
Bajo sutil vigilancia–

No pude tener con Cruz
Ninguna conversación–
No nos daban ocasión,
400   Nos trataban como ajenos–
Como dos años lo menos
Duró esta separación.

Relatar nuestras penurias
Fuera alargar el asunto–
405 Les diré sobre este punto
Que a los dos años recién
Nos hizo el cacique el bien
De dejarnos vivir juntos.

Nos retiramos con Cruz
410 A la orilla de un pajal–
Por no pasarlo tan mal
En el desierto infinito,
Hicimos como un bendito[15]
Con dos cueros de bagual.

415 Fuimos a esconder allí
Nuestra pobre situación
Aliviando con la unión
Aquel duro cautiverio–
Tristes como un cementerio
420 Al toque de la oración.

Debe el hombre ser valiente
Si a rodar se determina,
Primero, cuando camina;
Segundo, cuando descansa,
425 Pues en aquellas andanzas
Perece el que se acoquina.

Cuando es manso el ternerito
En cualquier vaca se priende–
El que es gaucho esto lo entiende
430 Y ha de entender si le digo,
Que andábamos con mi amigo
Como pan que no se vende.[16]

15. Toldo formado con dos cueros.
16. Andar de un lado para otro.

Guarecidos en el toldo
Charlábamos mano a mano–
435 Éramos dos veteranos
Mansos pa las sabandijas,[17]
Arrumbaos como cubijas
Cuando calienta el verano.

El alimento no abunda
440 Por más empeño que se haga;
Lo pasa uno como plaga,
Ejercitando la industria–
Y siempre como la nutria,
Viviendo a orillas del agua.

445 En semejante ejercicio
Se hace diestro el cazador–
Cai el piche[18] engordador,
Cai el pájaro que trina–
Todo vicho que camina
450 Va a parar al asador–

Pues allí a los cuatro vientos
La persecución se lleva–
Naide escapa de la leva
Y dende que la alba asoma
455 Ya recorre uno la loma,
El bajo, el nido, y la cueva.

El que vive de la caza
A cualquier bicho se atreve–
Que pluma o cáscara lleve,
460 Pues cuando la hambre se siente
El hombre le clava el diente
A todo lo que se mueve.

17. *Mansos pa las sabandijas*: resignados y con experiencia de la vida.
18. Armadillo más pequeño que el peludo.

En las sagradas alturas
Está el máestro[19] principal,
465 Que enseña a cada animal
A procurarse el sustento
Y le brinda el alimento
A todo ser racional.—

Y aves, y bichos y pejes,
470 Se mantienen de mil modos;
Pero el hombre en su acomodo
Es curioso de oservar:
Es el que sabe llorar—
Y es el que los come a todos.

4

475 Antes de aclarar el día
Empieza el indio a aturdir
La pampa con su rugir,
Y en alguna madrugada,
Sin que sintiéramos nada
480 Se largaban a invadir.—

Primero entierran las prendas
En cuevas como peludos;
Y aquellos indios cerdudos
Siempre llenos de recelos,
485 En los caballos en pelos
Se vienen medio desnudos.

Para pegar el malón
El mejor flete procuran—
Y como es su arma segura

19. Maestro.

490   Vienen con la lanza sola,
        Y varios pares de bolas
        Atados a la cintura.–

        De ese modo anda liviano,
        No fatiga el mancarrón;[20]
495   Es su espuela en el malón,
        Después de bien afilao
        Un cuernito de venao
        Que se amarra en el garrón.[21]

        El indio que tiene un pingo
500   Que se llega a distinguir,
        Lo cuida hasta pa dormir;
        De ese cuidao es esclavo–
        Se lo alquila a otro indio bravo
        Cuando vienen a invadir.

505   Por vigilarlo no come
        Y ni aun el sueño concilia–
        Sólo en eso no hay desidia,
        De noche, les asiguro,
        Para tenerlo seguro
510   Le hace cerco la familia.

        Por eso habrán visto ustedes,
        Si en el caso se han hallao,
        Y si no lo han oservao
        Ténganlo dende hoy presente–
515   Que todo pampa valiente
        Anda siempre bien montao.

        Marcha el indio a trote largo
        Paso que rinde y que dura;

20. Despectivamente, caballo manso.
21. Talón.

Viene en dirección sigura
520 Y jamás a su capricho—
No se les escapa bicho
En la noche más escura.

Caminan entre tinieblas
Con un cerco bien formao;
525 Lo estrechan con gran cuidao
Y agarran al aclarar
Ñanduces, gamas, venaos,—
Cuanto ha podido dentrar.

Su señal es un humito
530 Que se eleva muy arriba—
Y no hay quien no lo aperciba
Con esa vista que tienen;
De todas partes se vienen
A engrosar la comitiva.—

535 Ansina se van juntando,
Hasta hacer esas riuniones
Que cain en las invasiones
En número tan crecido—
Para formarla han salido
540 De los últimos rincones.

Es guerra cruel la del indio
Porque viene como fiera;
Atropella donde quiera
Y de asolar no se cansa—
545 De su pingo y de su lanza
Toda salvación espera.

Debe atarse bien la faja[22]
Quien a aguardarlo se atreva;

22. Prevenirse, estar alerta.

Siempre mala intención lleva,
550 Y como tiene alma grande
No hay plegaria que lo ablande
Ni dolor que lo conmueva.–

Odia de muerte al cristiano,
Hace guerra sin cuartel–
555 Para matar es sin yel,
Es fiero de condición–
No gólpea la compasión
En el pecho del infiel.

Tiene la vista del águila,
560 Del león la temeridá–
En el desierto no habrá
Animal que él no lo entienda–
Ni fiera de que no aprienda
Un istinto de crueldá.

565 Es tenaz en su barbarie,
No esperen verlo cambiar,
El déseo de mejorar
En su rudeza no cabe–
El bárbaro sólo sabe
570 Emborracharse y peliar.

El indio nunca se ríe
Y el pretenderlo es en vano,
Ni cuando festeja ufano
El triunfo en sus correrías–
575 La risa en sus alegrías
Le pertenece al cristiano.

Se cruzan por el desierto
Como un animal feroz–
Dan cada alarido atroz
580 Que hace erizar los cabellos,

Parece que a todos ellos
Los ha maldecido Dios.

Todo el peso del trabajo
Lo dejan a las mujeres–
585 El indio es indio y no quiere
Apiar de su condición,
Ha nacido indio ladrón
Y como indio ladrón muere.

El que envenenen sus armas
590 Les mandan sus hechiceras–
Y como ni a Dios veneran
Nada a los pampas contiene–
Hasta los nombres que tienen
Son de animales y fieras.–

595 Y son, por ¡Cristo bendito!
Lo más desasiaos del mundo–
Esos indios vagabundos,
Con repunancia me acuerdo,–
Viven lo mesmo que el cerdo
600 En esos toldos inmundos.

Naides puede imaginar
Una miseria mayor–
Su pobreza causa horror–
No sabe aquel indio bruto
605 Que la tierra no da fruto
Si no la riega el sudor.

5

Aquel desierto se agita
Cuando la invasión regresa–

Llevan miles de cabezas
610 De vacuno y yeguarizo,
Pa no aflijirse es preciso
Tener bastante firmeza.

Aquello es un hervidero
De pampas– un celemín–[23]
615 Cuando riunen el botín
Juntando toda la hacienda,
Es cantidá tan tremenda
Que no alcanza a verse el fin.

Vuelven las chinas cargadas
620 Con las prendas en montón;
Aflije esa destrución–
Acomodaos en cargueros
Llevan negocios enteros
Que han saquiao en la invasión.

625 Su pretensión es robar,
No quedar en el pantano–
Viene a tierra de cristianos
Como furia del infierno;
No se llevan al gobierno
630 Porque no lo hallan a mano.

Vuelven locos de contentos
Cuando han venido a la fija–
Antes que ninguno elija
Empiezan con todo empeño,
635 Como dijo un santiagueño,
A hacerse *la repartija.*[24]

23. Medida de capacidad para áridos.
24. Repartir lo obtenido por robo o saqueo.

Se reparten el botín
Con igualdá, sin malicia;
No muestra el indio codicia,
640   Ninguna falta comete–
Sólo en esto se somete
A una regla de justicia.

Y cada cual con lo suyo
A sus toldos enderieza–
645   Luego la matanza empieza
Tan sin razón ni motivo,
Que no queda animal vivo
De esos miles de cabezas.

Y satisfecho el salvaje
650   De que su oficio ha cumplido
Lo pasa por ahi tendido
Volviendo a su haraganiar–
Y entra la china a cueriar
Con un afán desmedido.

655   A veces a tierra adentro
Algunas puntas se llevan,
Pero hay pocos que se atrevan
A hacer esas incursiones,
Porque otros indios ladrones
660   Les suelen pelar la breva.[25]

Pero pienso que los pampas
Deben de ser los más rudos–
Aunque andan medio desnudos
Ni su convenencia entienden,
665   Por una vaca que venden
Quinientas matan al ñudo.

25. Despojar, arrebatar.

Estas cosas y otras piores
Las he visto muchos años;
Pero si yo no me engaño
670 Concluyó ese vandalaje,[26]
Y esos bárbaros salvajes
No podrán hacer más daño.

Las tribus están desechas;
Los caciques más altivos
675 Están muertos o cautivos
Privaos de toda esperanza,
Y de la chusma y de lanza,[27]
Ya muy pocos quedan vivos.

Son salvajes por completo
680 Hasta pa su diversión–
Pues hacen una junción
Que naides se la imagina;
Recién le toca a la china
El hacer su papelón.[28]

685 Cuanto el hombre es más salvaje
Trata pior a la mujer–
Yo no sé que pueda haber
Sin ella dicha ni goce–
¡Feliz el que la conoce
690 Y logra hacerse querer!!

Todo el que entiende la vida
Busca a su lao los placeres–
Justo es que las considere
El hombre de corazón;

26. Vandalismo, bandidaje.
27. Mujeres, ancianos y niños componían la «chusma» de las tolderías, mientras que los guerreros componían la «lanza».
28. Hacer su parte, desempeñar el papel que le corresponde.

695   Sólo los cobardes son
        Valientes con sus mujeres.

        Pa servir a un desgraciao
        Pronta la mujer está–
        Cuando en su camino va
700   No hay peligro que la asuste;
        Ni hay una a quien no le guste
        Una obra de caridá.–

        No se hallará una mujer
        A la que esto no le cuadre–
705   Yo alabo al Eterno Padre,–
        No porque las hizo bellas,
        Sino porque a todas ellas
        Les dio corazón de madre.

        Es piadosa y diligente
710   Y sufrida en los trabajos:
        Tal vez su valer rebajo
        Aunque la estimo bastante;
        Mas los indios inorantes
        La tratan al estropajo.

715   Echan la alma trabajando
        Bajo el más duro rigor–
        El marido es su señor,
        Como tirano la manda
        Porque el indio no se ablanda
720   Ni siquiera en el amor.

        No tiene cariño a naides
        Ni sabe lo que es amar–
        ¡Ni qué se puede esperar
        De aquellos pechos de bronce!
725   Yo los conocí al llegar
        Y los calé dende entonces.–

Mientras tiene qué comer
Permanece sosegao—
Yo que en sus toldos he estao
730 Y sus costumbres oservo—
Digo que es como aquel cuervo
Que no volvió del mandao.

Es para él como juguete
Escupir un crucifijo—
735 Pienso que Dios los maldijo
Y ansina el ñudo desato;
El indio, el cerdo y el gato,
Redaman[29] sangre del hijo.

Mas ya con cuentos de pampas
740 No ocuparé su atención—
Debo pedirles perdón
Pues sin querer me distraje,
Por hablar de los salvajes
Me olvidé de la junción.

745 Hacen un cerco de lanzas,
Los indios quedan ajuera—
Dentra la china ligera
Como yeguada en la trilla,
Y empieza allí la cuadrilla
750 A dar güeltas en la era.—

29. Derraman.

A un lao están los caciques,
Capitanejos[30] y el trompa;
Tocando con toda pompa
Como un toque de fajina;
755   Adentro muere la china,
Sin que aquel círculo rompa.

Muchas veces se les oyen
A las pobres los quejidos;
Mas son lamentos perdidos–
760   Alrededor del cercao
En el suelo están mamaos
Los indios dando alaridos.

Su canto es una palabra
Y de ahi no salen jamás–
765   Llevan todos el compás
Ioká-ioká[31] repitiendo,
Me parece estarlas viendo
Más fieras que Satanás.

Al trote dentro del cerco,
770   Sudando, hambrientas, juriosas,
Desgreñadas y rotosas
De sol a sol se lo llevan–
Bailan, aunque truene o llueva,
Cantando la mesma cosa.

6

775   El tiempo sigue en su giro
Y nosotros solitarios,

---

30. Jefes indios subordinados a los caciques.
31. Grito de guerra de los pampas.

De los indios sanguinarios
No téniamos qué esperar–
El que nos salvó al llegar
780   Era el más hospitalario.

Mostró noble corazón,
Cristiano anhelaba ser–
La justicia es un deber,
Y sus méritos no callo,–
785   Nos regaló unos caballos
Y a veces nos vino a ver.

A la voluntá de Dios
Ni con la intención resisto–
Él nos salvó... pero, Ah! Cristo!
790   Muchas veces he deseado
No nos hubiera salvado
Ni jamás haberlo visto.

Quien recibe beneficios
Jamás los debe olvidar;
795   Y al que tiene que rodar
En su vida trabajosa,
Le pasan a veces cosas
Que son duras de pelar.–

Voy dentrando poco a poco
800   En lo triste del pasaje–
Cuando es amargo el brebaje
El corazón no se alegra,–
Dentró una virgüela[32] negra
Que los diezmó a los salvajes.

32. Viruela negra que hacía estragos en las tolderías, porque no tenían medios para enfrentarla.

805   Al sentir tal mortandá
      Los indios desesperaos,
      Gritaban alborotaos
      «*Cristiano echando gualicho*»[33]
      No quedó en los toldos bicho
810   Que no salió redotao.—[34]

      Sus remedios son secretos,
      Los tienen las adivinas—
      No los conocen las chinas
      Sinó alguna ya muy vieja,
815   Y es la que los aconseja
      Con mil embustes la indina.

      Allí soporta el paciente
      Las terribles curaciones—
      Pues a golpes y estrujones
820   Son los remedios aquellos—
      Lo agarran de los cabellos
      Y le arrancan los mechones.

      Les hacen mil herejías
      Que el presenciarlas da horror—
825   Brama el indio de dolor
      Por los tormentos que pasa;
      Y untándolo todo en grasa
      Lo ponen a hervir al sol.

      Y puesto allí boca arriba
830   Alrededor le hacen fuego—
      Una china viene luego
      Y al oido le da de gritos—
      Hay algunos tan malditos
      Que sanan con este juego.

33. Gualicho era el dios del mal, muy temido y respetado entre los indios.
34. Derrotado.

835 A otros les cuecen la boca
    Aunque de dolores cruja–
    Lo agarran y allí lo estrujan,
    Labios le queman y dientes
    Con un güevo bien caliente
840 De alguna gallina bruja.

    Conoce el indio el peligro
    Y pierde toda esperanza–
    Si a escapárseles alcanza
    Dispara como la liebre–
845 Le da delirios la fiebre
    Y ya le cain con la lanza.

    Esas fiebres son terribles,
    Y aunque de esto no disputo,
    Ni de saber me reputo,
850 Será, decíamos nosotros,
    De tanta carne de potro
    Como comen esos brutos.

    Habia un gringuito cautivo
    Que siempre hablaba del barco–
855 Y lo augaron en un charco
    Por causante de la peste–
    Tenía los ojos celestes
    Como potrillito zarco.

    Que le dieran esa muerte
860 Dispuso una china vieja;
    Y aunque se aflige y se queja,
    Es inútil que resista.–
    Ponia el infeliz la vista
    Como la pone la oveja.

865 Nosotros nos alejamos
    Para no ver tanto estrago–

Cruz sentía los amagos[35]
De la peste que reinaba–
Y la idea nos acosaba
870   De volver a nuestros pagos.

Pero contra el plan mejor
El destino se rebela–
¡La sangre se me congela!
El que nos habia salvado,
875   Cayó también atacado
De la fiebre y la virgüela.

Ya no pódiamos dudar
Al verlo en tal padecer
El fin que habia de tener
880   Y Cruz, que era tan humano:
«Vamos» me dijo, «paisano
«A cumplir con un deber».

Fuimos a estar a su lado
Para ayudarlo a curar–
885   Lo vinieron a buscar
Y hacerle como a los otros;
Lo defendimos nosotros,
No lo dejamos lanciar.

Iba creciendo la plaga
890   Y la mortandá seguía;
A su lado nos tenía
Cuidándolo con pacencia–
Pero acabó su esistencia
Al fin de unos pocos días.

895   El recuerdo me atormenta,
Se renueva mi pesar–

35. En este caso, los síntomas.

177

Me dan ganas de llorar
Nada a mis penas igualo;
Cruz también cayó muy malo
900 Ya para no levantar.

Todos pueden figurarse
Cuánto tuve que sufrir;
Yo no hacia sinó gemir
Y aumentaba mi aflición,
905 No saber una oración
Pa ayudarlo a bien morir.

Se le pasmó la virgüela[36]
Y el pobre estaba en un grito–
Me recomendó un hijito
910 Que en su pago habia dejado,
«Ha quedado abandonado,
«Me dijo, aquel pobrecito».

«Si vuelve, busquemeló»,
Me repetia a media voz–
915 «En el mundo éramos dos
«Pues él ya no tiene madre:
«Que sepa el fin de su Padre
«Y encomiende mi alma a Dios».

Lo apretaba contra el pecho
920 Dominao por el dolor–
Era su pena mayor
El morir allá entre infieles–
Sufriendo dolores crueles
Entregó su alma al Criador.

925 De rodillas a su lado
Yo lo encomendé a Jesús!–

36. En este caso, agravarse la viruela.

Faltó a mis ojos la luz–
Tuve un terrible desmayo–
Cai como herido del rayo
930   Cuando lo vi muerto a Cruz.

7

Aquel bravo compañero
En mis brazos espiró;
Hombre que tanto sirvió,
Varón que fue tan prudente,
935   Por humano y por valiente
En el desierto murió.–

Y yo, con mis propias manos,
Yo mesmo lo sepulté–
A Dios por su alma rogué
940   De dolor el pecho lleno–
Y humedeció aquel terreno
El llanto que redamé.

Cumplí con mi obligación,
No hay falta de que me acuse,
945   Ni deber de que me escuse
Aunque de dolor sucumba–
Allá señala su tumba
Una cruz que yo le puse.

Andaba de toldo en toldo
950   Y todo me fastidiaba–
El pesar me dominaba
Y entregao al sentimiento,
Se me hacia cada momento
Oir a Cruz que me llamaba.

955 Cual más, cual menos los criollos
Saben lo que es amargura–
En mi triste desventura
No encontraba otro consuelo
Que ir a tirarme en el suelo
960 Al lao de su sepoltura.

Allí pasaba las horas
Sin haber naides conmigo–
Teniendo a Dios por testigo–
Y mis pensamientos fijos
965 En mi mujer y mis hijos,
En mi pago y en mi amigo.

Privado de tantos bienes
Y perdido en tierra ajena
Parece que se encadena
970 El tiempo y que no pasara,
Como si el sol se parara
A contemplar tanta pena.

Sin saber qué hacer de mí
Y entregao a mi aflición,
975 Estando allí una ocasión,
Del lado que venia el viento
Oí unos tristes lamentos
Que llamaron mi atención.

No son raros los quejidos
980 En los toldos del salvaje,
Pues aquel es vandalaje
Donde no se arregla nada
Sino a lanza y puñalada,
A bolazos y a coraje.

985 No preciso juramento,
Deben creerle a Martín Fierro–

He visto, en ese destierro
A un salvaje que se irrita,
Degollar a una chinita
990 Y tirársela a los perros.

He presenciado martirios,
He visto muchas crueldades,
Crímenes y atrocidades
Que el cristiano no imagina;
995 Pues ni el indio ni la china
Sabe lo que son piedades.

Quise curiosiar los llantos
Que llegaban hasta mí,
Al punto me dirigí
1000 Al lugar de ande venían.
—Me horroriza todavía
El cuadro que descubrí!

Era una infeliz mujer
Que estaba de sangre llena—
1005 Y como una Madalena
Lloraba con toda gana,—
Conocí que era cristiana
Y esto me dio mayor pena.

Cauteloso me acerqué
1010 A un indio que estaba al lao;
Porque el pampa es desconfiao
Siempre de todo cristiano,
Y vi que tenía en la mano
El rebenque ensangrentao.

8

1015 Más tarde supe por ella,
De manera positiva,
Que dentró una comitiva
De pampas a su partido,
Mataron a su marido
1020 Y la llevaron cautiva.

En tan dura servidumbre
Hacian dos años que estaba–
Un hijito que llevaba
A su lado lo tenía–
1025 La china la aborrecía
Tratándola como esclava.

Deseaba para escaparse
Hacer una tentativa–
Pues a la infeliz cautiva
1030 Naides la va a redimir,
Y allí tiene que sufrir
El tormento mientras viva.

Aquella china perversa
Dende el punto que llegó,
1035 Crueldá y orgullo mostró
Porque el indio era valiente–
Usaba un collar de dientes
De cristianos que él mató.

La mandaba trabajar,
1040 Poniendo cerca a su hijito
Tiritando y dando gritos
Por la mañana temprano,
Atado de pies y manos
Lo mesmo que un corderito.

1045 Ansí le imponia tarea
      De juntar leña y sembrar
      Viendo a su hijito llorar,
      Y hasta que no terminaba,
      La china no la dejaba
1050 Que le diera de mamar.

      Cuando no tenian trabajo
      La emprestaban a otra china—
      Naides, decia, se imagina,
      Ni es capaz de presumir
1055 Cuánto tiene que sufrir
      La infeliz que está cautiva.

      Si ven crecido a su hijito
      Como de piedá no entienden,
      Y a súplicas nunca atienden,
1060 Cuando no es éste es el otro,
      Se lo quitan y lo venden
      O lo cambian por un potro—

      En la crianza de los suyos
      Son bárbaros por demás,
1065 No lo habia visto jamás;
      En una tabla los atan,
      Los crian ansí, y les achatan
      La cabeza por detrás.

      Aunque esto parezca estraño,
1070 Ninguno lo ponga en duda:
      Entre aquella gente ruda,
      En su bárbara torpeza,
      Es gala que la cabeza
      Se les forme puntiaguda.

1075 Aquella china malvada
      Que tanto la aborrecía,

Empezó a decir un día
Porque falleció una hermana,
Que sin duda la cristiana
1080 Le habia echado brujería.

El indio la sacó al campo
Y la empezó a amenazar
Que le habia de confesar
Si la brujeria era cierta;
1085 O que la iba a castigar
Hasta que quedara muerta.

Llora la pobre afligida,
Pero el indio en su rigor
Le arrebató con furor
1090 Al hijo de entre sus brazos,
Y del primer rebencazo
La hizo crujir de dolor.

Que aquel salvaje tan cruel
Azotándola seguía,–
1095 Más y más se enfurecía
Cuanto más la castigaba,
Y la infeliz se atajaba
Los golpes como podía.

Que le gritó muy furioso
1100 «Confechando no querés»
La dio vuelta de un revés
Y por colmar su amargura,
A su tierna criatura
Se la degolló a los pies.–

1105 Es increible, me decía,
Que tanta fiereza esista–
No habrá madre que resista,
Aquel salvaje inclemente

Cometió tranquilamente
1110 Aquel crimen a mi vista.–

Esos horrores tremendos
No los inventa el cristiano–
Ese bárbaro inhumano,
Sollozando me lo dijo,
1115 «Me amarró luego las manos
Con las tripitas de mi hijo».

9

De ella fueron los lamentos
Que en mi soledá escuché–
En cuanto al punto llegué
1120 Quedé enterado de todo–
Al mirarla de aquel modo
Ni un instante tutubié.

Toda cubierta de sangre
Aquella infeliz cautiva,
1125 Tenia dende abajo arriba
La marca de los lazazos,–
Sus trapos hechos pedazos
Mostraban la carne viva.

Alzó los ojos al cielo
1130 En sus lágrimas bañada,
Tenia las manos atadas
Su tormento estaba claro;
Y me clavó una mirada
Como pidiéndome amparo.

1135 Yo no sé lo que pasó
En mi pecho en ese istante,

Estaba el indio arrogante
Con una cara feroz:
Para entendernos los dos
1140 La mirada fue bastante.

Pegó un brinco como gato
Y me ganó la distancia–
Aprovechó esa ganancia
Como fiera cazadora–
1145 Desató las boliadoras
Y aguardó con vigilancia.

Aunque yo iba de curioso
Y no por buscar contienda,
Al pingo le até la rienda,
1150 Eché mano, dende luego,
A éste que no yerra fuego,[37]
Y ya se armó la tremenda.

El peligro en que me hallaba
Al momento conocí–
1155 Nos mantuvimos ansí,
Me miraba y lo miraba;
Yo, al indio le desconfiaba
Y él me desconfiaba a mí.

Se debe ser precavido
1160 Cuando el indio se agazape–
En esa postura el tape[38]
Vale por cuatro o por cinco–
Como el tigre es para el brinco
Y fácil que a uno lo atrape.

37. Se refiere al facón, arma predilecta del gaucho, que desconfiaba de las armas de fuego.
38. Indio de la región misionera y, por extensión, indio de cualquier raza.

1165   Peligro era atropellar
       Y era peligro el juir;
       Y más peligro seguir
       Esperando de este modo,
       Pues otros podian venir
1170   Y carniarme allí entre todos.

       A juerza de precaución
       Muchas veces he salvado,
       Pues en un trance apurado
       Es mortal cualquier descuido—
1175   Si Cruz hubiera vivido
       No habria tenido cuidado.

       Un hombre junto con otro
       En valor y en juerza crece—
       El temor desaparece,
1180   Escapa de cualquier trampa—
       Entre dos, no digo a un pampa,
       A la tribu si se ofrece.—

       En tamaña incertidumbre
       En trance tan apurado,
1185   No podia por de contado
       Escaparme de otra suerte,
       Sinó dando al indio muerte
       O quedando allí estirado.[39]

       Y como el tiempo pasaba
1190   Y aquel asunto me urgía,
       Viendo que él no se movía,
       Me fui medio de soslayo
       Como a agarrarle el caballo
       A ver si se me venía.

39. *Quedar estirado*: morir.

1195   Ansí fue, no aguardó más
       Y me atropelló el salvaje–
       Es preciso que se ataje
       Quien con el indio pelee–
       El miedo de verse a pie
1200   Aumentaba su coraje.

       En la dentrada no más
       Me largó un par de bolazos–
       Uno me tocó en un brazo–
       Si me da bien, me lo quiebra–
1205   Pues las bolas son de piedra
       Y vienen como balazo.

       A la primer puñalada
       El pampa se hizo un ovillo–
       Era el salvaje más pillo
1210   Que he visto en mis correrías,–
       Y a más de las picardías
       Arisco para el cuchillo.

       Las bolas las manejaba
       Aquel bruto con destreza,
1215   Las recogia con presteza
       Y me las volvia a largar,
       Haciéndomelas silbar
       Arriba de la cabeza.

       Aquel indio, como todos,
1220   Era cauteloso.... ahijuna!
       Ahi me valió la fortuna
       De que peliando se apotra–[40]
       Me amenazaba con una,
       Y me largaba con otra.

40. *Apotrarse*: enfurecerse, perder el control.

1225 Me sucedió una desgracia
     En aquel percance amargo,
     En momentos que lo cargo
     Y que él reculando va–
     Me enredé en el chiripá
1230 Y cai tirao largo a largo.

     Ni pa encomendarme a Dios
     Tiempo el salvaje me dio;
     Cuanto en el suelo me vio
     Me saltó con ligereza–
1235 Juntito de la cabeza
     El bolazo retumbó–

     Ni por respeto al cuchillo
     Dejó el indio de apretarme–
     Allí pretende ultimarme
1240 Sin dejarme levantar–
     Y no me daba lugar
     Ni siquiera a enderezarme.

     De valde quiero moverme
     Aquel indio no me suelta–
1245 Como persona resuelta
     Toda mi juerza ejecuto–
     Pero abajo de aquel bruto
     No podía ni darme güelta.

     ....
     ....
     ....
     ....
     ....
     ....

     ¡Bendito Dios poderoso,
1250 Quién te puede comprender!

Cuando a una débil mujer
Le diste en esa ocasión
La juerza que en un varón
Tal vez no pudiera haber–

1255 Esa infeliz tan llorosa
Viendo el peligro se anima–
Como una flecha se arrima
Y olvidando su aflición,
Le pegó al indio un tirón
1260 Que me lo sacó de encima.

Ausilio tan generoso
Me libertó del apuro–
Si no es ella, de siguro
Que el indio me sacrifica–
1265 Y mi valor se duplica
Con un ejemplo tan puro.

En cuanto me enderecé
Nos volvimos a topar–
No se podia descansar
1270 Y me chorriaba el sudor–
En un apuro mayor
Jamás me he vuelto a encontrar.

Tampoco yo le daba alce[41]
Como deben suponer–
1275 Se habia aumentao mi quehacer
Para impedir que el brutazo,
Le pegara algún bolazo
De rabia a aquella mujer–

La bola en manos del indio
1280 Es terrible y muy ligera–

41. Dar tregua.

Hace de ella lo que quiera
Saltando como una cabra–
Mudos– sin decir palabra,
Peliábamos como fieras.

1285 Aquel duelo en el desierto
Nunca, jamás se me olvida,
Iba jugando la vida
Con tan terrible enemigo,
Teniendo allí de testigo
1290 A una mujer afligida.–

Cuanto él más se enfurecía
Yo más me empiezo a calmar;
Mientras no logra matar
El indio no se desfoga;
1295 Al fin le corté una soga
Y lo empecé a aventajar.

Me hizo sonar las costillas
De un bolazo aquel maldito;
Y al tiempo que le di un grito
1300 Y le dentro como bala,
Pisa el indio, y se refala
En el cuerpo del chiquito.

Para esplicar el misterio
Es muy escasa mi cencia–
1305 Lo castigó, en mi concencia,
Su Divina Majestá–
Donde no hay casualidá
Suele estar la Providencia.

En cuanto trastabilló
1310 Más de firme lo cargué,
Y aunque de nuevo hizo pie
Lo perdió aquella pisada;

Pues en esa atropellada
En dos partes lo corté.

1315 Al sentirse lastimao
Se puso medio afligido–
Pero era indio decidido,
Su valor no se quebranta–
Le salian de la garganta
1320 Como una especie de aullidos.

Lastimao en la cabeza
La sangre lo enceguecía;
De otra herida le salía
Haciendo un charco ande estaba–
1325 Con los pies la chapaliaba
Sin aflojar todavía.

Tres figuras imponentes
Formábamos aquel terno:–
Ella en su dolor materno,
1330 Yo con la lengua dejuera,
Y el salvaje como fiera
Disparada del infierno.

Iba conociendo el indio
Que tocaban a degüello–
1335 Se le erizaba el cabello
Y los ojos revolvía–
Los labios se le perdían
Cuando iba a tomar resuello.

En una nueva dentrada
1340 Le pegué un golpe sentido,
Y al verse ya mal herido,
Aquel indio furibundo
Lanzó terrible alarido–

Que retumbó como un ruido
1345 Si se sacudiera el mundo.

Al fin de tanto lidiar
En el cuchillo lo alcé–
En peso lo levanté
A aquel hijo del desierto–
1350 Ensartado lo llevé,
Y allá recién lo largué
Cuando ya lo sentí muerto.

. . . .

Me persiné dando gracias
De haber salvado la vida:
1355 Aquella pobre afligida
De rodillas en el suelo,
Alzó sus ojos al Cielo
Sollozando dolorida.

Me hinqué también a su lado
1360 A dar gracias a mi Santo–
En su dolor y quebranto
Ella, a la Madre de Dios,
Le pide en su triste llanto
Que nos ampare a los dos.

1365 Se alzó con pausa de leona
Cuando acabó de implorar,
Y sin dejar de llorar
Envolvió en unos trapitos
Los pedazos de su hijito
1370 Que yo le ayudé a juntar.

10

Dende ese punto era juerza
Abandonar el desierto,
Pues me hubieran descubierto,
Y aunque lo maté en pelea,
1375 De fijo que me lancean
Por vengar al indio muerto.

A la afligida cautiva
Mi caballo le ofrecí–
Era un pingo que alquirí,
1380 Y donde quiera que estaba
En cuanto yo lo silbaba
Venia a refregarse a mí.–

Yo me le senté al del pampa;
Era un escuro tapao–[42]
1385 Cuando me hallo bien montao
De mis casillas me salgo–
Y era un pingo como galgo
Que sabia correr boliao.–

Para correr en el campo
1390 No hallaba ningún tropiezo–
Los ejercitan en eso–
Y los ponen como luz,
De dentrarle a un avestruz
Y boliar bajo el pescuezo.

1395 El pampa educa al caballo
Como para un entrevero–
Como rayo es de ligero
En cuanto el indio lo toca–

42. Caballo cuyo pelo no tiene ninguna mancha blanca.

Y como trompo en la boca,
1400   Da güeltas sobre de un cuero.[43]

Lo várea en la madrugada–
Jamás falta a este deber–
Luego lo enseña a correr
Entre fangos y guadales–[44]
1405   Ansina esos animales
Es cuanto se puede ver!

En el caballo de un pampa
No hay peligro de rodar–
Jue pucha– Y pa disparar
1410   Es pingo que no se cansa–
Con prolijidá lo amansa
Sin dejarlo corcoviar.

Pa quitarle las cosquillas
Con cuidao lo manosea,
1415   Horas enteras emplea,
Y por fin, sólo lo deja,
Cuando agacha las orejas
Y ya el potro ni cocea.

Jamás le sacude un golpe
1420   Porque lo trata al bagual
Con pacencia sin igual,
Al domarlo no le pega,
Hasta que al fin se le entrega
Ya dócil el animal.

1425   Y aunque yo sobre los bastos[45]
Me sé sacudir el polvo–

43. Esta expresión indica que era un caballo dócil.
44. Terrenos arenosos donde el andar del caballo se hace muy difícil.
45. Tipo de montura.

A esa costumbre me amoldo–
Con pacencia lo manejan
Y al día siguiente lo dejan
1430 Rienda arriba junto al toldo.

Ansí todo el que procure
Tener un pingo modelo–
Lo ha de cuidar con desvelo,
Y debe impedir también,
1435 El que de golpes le den
O tironén en el suelo.

Muchos quieren dominarlo
Con el rigor y el azote,
Y si ven al chafalote[46]
1440 Que tiene trazas de malo,
Lo embraman[47] en algún palo
Hasta que se descogote.

Todos se vuelven pretestos[48]
Y güeltas para ensillarlo–
1445 Dicen que es por quebrantarlo,
Mas compriende cualquier bobo,
Que es de miedo del corcobo[49]
Y no quieren confesarlo.

El animal yeguarizo,
1450 Perdónenme esta alvertencia,
Es de mucha conocencia
Y tiene mucho sentido–
Es animal consentido
Lo cautiva la pacencia.–

46. Caballo pesado y lento.
47. Atar corto a un animal de un árbol o palenque.
48. Pretextos.
49. Corcoveo.

1455   Aventaja a los demás
      El que estas cosas entienda–
      Es bueno que el hombre aprienda,
      Pues hay pocos domadores,
      Y muchos frangolladores[50]
1460   Que andan de bozal y rienda.

      ....
      ....
      ....
      ....
      ....
      ....

      Me vine como les digo
      Trayendo esa compañera–
      Marchamos la noche entera
      Haciendo nuestro camino
1465   Sin más rumbo que el destino
      Que nos llevara ande quiera.

      Al muerto, en un pajonal
      Habia tratao de enterrarlo,
      Y después de maniobrarlo
1470   Lo tapé bien con las pajas,
      Para llevar de ventaja
      Lo que emplearan en hallarlo.

      En notando nuestra ausiencia
      Nos habian de perseguir–
1475   Y al decidirme a venir,
      Con todo mi corazón
      Hice la resolución
      De peliar hasta morir.

50. Personas que improvisan y hacen las cosas mal.

Es un peligro muy serio
1480 Cruzar juyendo el desierto—
Muchísimos de hambre han muerto,
Pues en tal desasosiego
No se puede ni hacer fuego
Para no ser descubierto.—

1485 Sólo el albitrio del hombre
Puede ayudarlo a salvar—
No hay auxilio que esperar,
Sólo de Dios hay amparo—
En el desierto es muy raro
1490 Que uno se pueda escapar.

Todo es cielo y horizonte
En inmenso campo verde!
¡Pobre de aquel que se pierde
O que su rumbo estravea![51]
1495 Si alguien cruzarlo desea
Este consejo recuerde.—

Marque su rumbo de día
Con toda fidelidá—
Marche con puntualidá
1500 Siguiéndolo con fijeza,
Y si duerme, la cabeza
Ponga para el lao que va.—

Oserve con todo esmero
Adonde el sol aparece—
1505 Si hay ñeblina[52] y le entorpece
Y no lo puede oservar,
Guárdese de caminar
Pues quien se pierde perece.

51. Extravía.
52. Neblina.

Dios les dio istintos sutiles
1510 A toditos los mortales–
El hombre es uno de tales
Y en las llanuras aquellas–
Lo guían el sol, las estrellas,
El viento y los animales.

1515 Para ocultarnos de día
A la vista del salvaje,
Ganábamos un paraje
En que algún abrigo hubiera–
A esperar que anocheciera
1520 Para seguir nuestro viaje.

Penurias de toda clase
Y miserias padecimos–
Varias veces no comimos
O comimos carne cruda
1525 Y en otras, no tengan duda,
Con raices nos mantuvimos.

Después de mucho sufrir
Tan peligrosa inquietú–
Alcanzamos con salú
1530 A divisar una sierra,
Y al fin pisamos la tierra
En donde crece el Ombú.–

Nueva pena sintió el pecho
Por Cruz, en aquel paraje,–
1535 Y en humilde vasallaje
A la majestá infinita,
Besé esta tierra bendita
Que ya no pisa el salvaje.

Al fin la misericordia
1540 De Dios, nos quiso amparar;

Es preciso soportar
Los trabajos con costancia–
Alcanzamos a una Estancia
Después de tanto penar.

1545 Ahi mesmo me despedí
De mi infeliz compañera–
«Me voy, le dije, ande quiera,
«Aunque me agarre el gobierno,
«Pues infierno por infierno
1550 «Prefiero el de la frontera.»–

Concluyo esta relación,
Ya no puedo continuar,
Permítanme descansar:
Están mis hijos presentes,
1555 Y yo ansioso porque cuenten
Lo que tengan que contar.

11

–Y mientras que tomo un trago
Pa refrescar el garguero–
Y mientras tiempla el muchacho
1560 Y prepara su estrumento–
Les contaré de qué modo
Tuvo lugar el encuentro–
Me acerqué a algunas Estancias
Por saber algo de cierto,
1565 Creyendo que en tantos años
Esto se hubiera compuesto;
Pero cuanto saqué en limpio
Fue, que estábamos lo mesmo,
Ansí me dejaba andar
1570 Haciéndome el chancho rengo,

Porque no me convenía
Revolver el avispero;
Pues no inorarán ustedes
Que en cuentas con el gobierno
1575 Tarde o temprano lo llaman
Al pobre a hacer el arreglo.
—Pero al fin tuve la suerte
De hallar un amigo viejo,
Que de todo me informó
1580 Y por él supe al momento,
Que el Juez que me perseguía
Hacia tiempo que era muerto:
Por culpa suya he pasado
Diez años de sufrimiento,
1585 Y no son pocos diez años
Para quien ya llega a viejo.
Y los he pasado ansí,
Si en mi cuenta no me yerro:
Tres años en la frontera,
1590 Dos como gaucho matrero,
Y cinco allá entre los Indios
Hacen los diez que yo cuento.
—Me dijo, a más, ese amigo
Que anduviera sin recelo,
1595 Que todo estaba tranquilo,
Que no perseguia el Gobierno;
Que ya naides se acordaba
De la muerte del moreno—
Aunque si yo lo maté,
1600 Mucha culpa tuvo el negro.
Estuve un poco imprudente,
Puede ser, yo lo confieso,
Pero él me precipitó
Porque me cortó primero—
1605 Y a más, me cortó en la cara
Que es un asunto muy serio.
—Me aseguró el mesmo amigo

Que ya no habia ni el recuerdo
De aquel que en la pulpería
1610 Lo dejé mostrando el sebo.
Él, de engreido me buscó
Yo ninguna culpa tengo;
Él mesmo vino a peliarme,
Y tal vez me hubiera muerto
1615 Si le tengo más confianza
O soy un poco más lerdo–
Fue suya toda la culpa
Porque ocasionó el suceso.
–Que ya no hablaban tampoco,
1620 Me lo dijo muy de cierto,
De cuando con la partida
Llegué a tener el encuentro.
Esa vez me defendí
Como estaba en mi derecho,
1625 Porque fueron a prenderme
De noche y en campo abierto–
Se me acercaron con armas,
Y sin darme voz de preso
Me amenazaron a gritos
1630 De un modo que daba miedo–
Que iban a arreglar mis cuentas
Tratándome de matrero,
Y no era el jefe el que hablaba
Sinó un cualquiera de entre ellos.
1635 Y ese, me parece a mí
No es modo de hacer arreglos,
Ni con el que es inocente,
Ni con el culpable menos.
–Con semejantes noticias
1640 Yo me puse muy contento
Y me presenté ande quiera
Como otros pueden hacerlo–
–De mis hijos he encontrado
Sólo a dos hasta el momento–

1645   Y de ese encuentro feliz
        Le doy las gracias al cielo.
        A todos cuantos hablaba
        Les preguntaba por ellos,
        Mas no me daba ninguno,
1650   Razón de su paradero;–
        Casualmente el otro día
        Llegó a mi conocimiento,
        De una carrera muy grande
        Entre varios estancieros–
1655   Y fui como uno de tantos
        Aunque no llevaba un medio.
        No faltaban, ya se entiende En aquel gauchaje inmenso
        Muchos que ya conocían
1660   La historia de Martín Fierro;
        Y allí estaban los muchachos
        Cuidando unos parejeros–[53]
        Cuando me oyeron nombrar
        Se vinieron al momento,
1665   Diciéndome quiénes eran,
        Aunque no me conocieron,
        Porque venia muy aindiao
        Y me encontraban muy viejo.
        La junción de los abrazos
1670   De los llantos y los besos
        Se deja pa las mujeres
        Como que entienden el juego.
        Pero el hombre que compriende
        Que todos hacen lo mesmo,
1657   En público canta y baila
        Abraza y llora en secreto.
        Lo único que me han contado
        Es que mi mujer ha muerto.
        Que en procuras de un muchacho

53. Caballos de carrera.

1680 Se fue la infeliz al pueblo,
Donde infinitas miserias
Habrá sufrido por cierto.
Que por fin a un hospital
Fue a parar medio muriendo
1685 Y en ese abismo de males
Falleció al muy poco tiempo.–
Les juro que de esa pérdida
Jamás he de hallar consuelo;
Muchas lágrimas me cuesta
1690 Dende que supe el suceso.
Mas dejemos cosas tristes
Aunque alegrías yo no tengo;
Me parece que el muchacho
Ha templao y está dispuesto.
1695 Vamos a ver qué tal lo hace,
Y juzgar su desempeño–
–Ustedes no los conocen,
Yo tengo confianza en ellos–
No porque lleven mi sangre,
1700 Eso fuera lo de menos,
Sinó porque dende chicos
Han vivido padeciendo.
Los dos son aficionados–
Les gusta jugar con fuego.
1705 Vamos a verlos correr–
Son cojos.... hijos de rengo.

12

EL HIJO MAYOR DE MARTÍN FIERRO

LA PENITENCIARÍA

Aunque el gajo se parece
Al árbol de donde sale,
Solia decirlo mi madre
1710 Y en su razón estoy fijo:
«Jamás puede hablar el hijo
«Con la autoridá del padre.»

Recordarán que quedamos
Sin tener dónde abrigarnos;
1715 Ni ramada ande ganarnos
Ni rincón ande meternos
Ni camisa que ponernos
Ni poncho con qué taparnos.

Dichoso aquel que no sabe
1720 Lo que es vivir sin amparo;
Yo con verdá les declaro,
Aunque es por demás sabido–
Dende chiquito he vivido
En el mayor desamparo–

1725 No le merman el rigor
Los mesmos que lo socorren–
Tal vez porque no se borren
Los decretos del destino,
De todas partes lo corren
1730 Como ternero dañino.

Y vive como los bichos
Buscando alguna rendija–
El güérfano es sabandija
Que no encuentra compasión,

1735   Y el que anda sin direción
        Es guitarra sin clavija.

        Sentiré que cuanto digo
        A algún oyente le cuadre–
        Ni casa tenia, ni madre,
1740   Ni parentela, ni hermanos;
        Y todos limpian sus manos
        En el que vive sin padre.

        Lo cruza éste de un lazazo,
        Lo abomba aquél de un moquete,[54]
1745   Otro le busca el cachete
        Y entre tanto soportar,
        Suele a veces no encontrar
        Ni quien le arroje un zoquete.[55]

        Si lo recogen lo tratan
1750   Con la mayor rigidez–
        Piensan que es mucho tal vez
        Cuando ya muestra el pellejo
        Si le dan un trapo viejo
        Pa cubrir su desnudez.

1755   Me crié, pues, como les digo,
        Desnudo a veces y hambriento,
        Me ganaba mi sustento,
        Y ansí los años pasaban–
        Al ser hombre me esperaban
1760   Otra clase de tormentos.

        Pido a todos que no olviden,
        Lo que les voy a decir;
        En la escuela del sufrir

54. Puñetazo.
55. Zoquete, en este caso, pedazo de pan, comida.

He tomado mis leciones;
1765 Y hecho muchas refleciones
Dende que empecé a vivir.

Si alguna falta cometo
La motiva mi inorancia,
No vengo con arrogancia;
1770 Y les diré en conclusión
Que trabajando de pion
Me encontraba en una estancia.

El que manda siempre puede
Hacerle al pobre un calvario;
1775 A un vecino propietario
Un boyero le mataron–
Y aunque a mí me lo achacaron
Salió cierto en el sumario.

Piensen los hombres honrados
1780 En la vergüenza y la pena
De que tendria la alma llena
Al verme ya tan temprano
Igual a los que sus manos
Con el crimen envenenan.

1785 Declararon otros dos
Sobre el caso del dijunto;
Mas no se aclaró el asunto,
Y el Juez por darlas de listo,
«Amarrados como un Cristo,
1790 Nos dijo, irán todos juntos.»

«A la Justicia Ordinaria
«Voy a mandar a los tres.»–
Tenia razón aquel Juez
Y cuantos ansí amenacen;
1795 Ordinaria,... es como la hacen

Lo he conocido después.

Nos remitió como digo
A esa Justicia Ordinaria–
Y fuimos con la sumaria
1800 A esa cárcel de malevos,
Que por un bautismo nuevo
Le llaman Penitenciaria.–

El por qué tiene ese nombre
Naides me lo dijo a mí
1805 Mas yo me lo esplico ansí:–
Le dirán Penitenciaria–
Por la penitencia diaria
Que se sufre estando allí.

Criollo que cai en disgracia
1810 Tiene que sufrir no poco–
Naides lo ampara tampoco
Si no cuenta con recursos–
El gringo es de más discurso,
Cuando mata, se hace el loco.

1815 No sé el tiempo que corrió
En aquella sepoltura;
Si de ajuera no lo apuran,
El asunto va con pausa;
Tienen la presa sigura
1820 Y dejan dormir la causa.

Inora el preso a qué lado
Se inclinará la balanza–
Pero es tanta la tardanza
Que yo les digo por mí–
1825 El hombre que dentre allí
Deje afuera la esperanza.

Sin perfecionar las leyes

Perfecionan el rigor–
Sospecho que el inventor
1830 Habrá sido algún maldito–
Por grande que sea un delito
Aquella pena es mayor.

Eso es para quebrantar
El corazón más altivo–
1835 Los llaveros son pasivos,
Pero más secos y duros
Tal vez que los mesmos muros
En que uno gime cautivo.

No es en grillos ni en cadenas
1840 En lo que usté penará,
Sinó en una soledá
Y un silencio tan projundo,
Que parece que en el mundo
Es el único que está.

1845 El más altivo varón
Y de cormillo gastao[56]
Allí se veria agobiao
Y su corazón marchito,
Al encontrarse encerrao
1850 A solas con su delito.

En esa cárcel no hay toros,
Allí todos son corderos;
No puede el más altanero
Al verse entre aquellas rejas,
1855 Sinó amujar las orejas[57]
Y sufrir callao su encierro.
Y digo a cuantos inoran

56. Colmillo gastado, en sentido figurado, experimentado.
57. Ceder, agachar la cabeza.

El rigor de aquellas penas–
Yo que sufrí las cadenas
1860 Del destino y su inclemencia:
Que aprovechen la esperencia,
Del mal en cabeza ajena.

Ay! madres, las que dirigen
Al hijo de sus entrañas,
1865 No piensen que las engaña,
Ni que les habla un falsario;
Lo que es el ser presidario
No lo sabe la campaña.

Hijas, esposas, hermanas,
1870 Cuantas quieren a un varón–
Díganles que esa prisión
Es un infierno temido–
Donde no se oye más ruido
Que el latir del corazón.

1875 Allá el día no tiene sol,
La noche no tiene estrellas–
Sin que le valgan querellas
Encerrao lo purifican;
Y sus lágrimas salpican
1880 En las paredes aquellas.

En soledá tan terrible
De su pecho oye el latido–
Lo sé, porque lo he sufrido
Y creameló el aulitorio,[58]
1885 Tal vez en el purgatorio
Las almas hagan más ruido.
Cuenta esas horas eternas

58. Auditorio.

Para más atormentarse,
Su lágrima al redamarse
1890 Calcula en sus afliciones,
Contando sus pulsaciones,
Lo que dilata en secarse.

Allí se amansa el más bravo—
Allí se duebla el más juerte—
1895 El silencio es de tal suerte
Que cuando llegue a venir,
Hasta se le han de sentir
Las pisadas a la muerte.

Adentro mesmo del hombre
1900 Se hace una revolución—
Metido en esa prisión
De tanto no mirar nada,
Le nace y queda grabada
La ideá de la perfeción.

1905 En mi madre, en mis hermanos,
En todo pensaba yo—
Al hombre que allí dentró
De memoria más ingrata—
Fielmente se le retrata
1910 Todo cuanto ajuera vio.

Aquel que ha vivido libre
De cruzar por donde quiera,
Se aflige y se desespera
De encontrarse allí cautivo;
1915 Es un tormento muy vivo
Que abate la alma más fiera.

En esa estrecha prisión
Sin poderme conformar,
No cesaba de esclamar

1920　¡Qué diera yo por tener,
　　　Un caballo en que montar
　　　Y una pampa en que correr!

　　　En un lamento costante
　　　Se encuentra siempre embretao—
1925　El castigo han inventao
　　　De encerrarlo en las tinieblas—
　　　Y allí está como amarrao
　　　A un fierro que no se duebla.

　　　No hay un pensamiento triste
1930　Que al preso no lo atormente—
　　　Bajo un dolor permanente
　　　Agacha al fin la cabeza—
　　　Porque siempre es la tristeza
　　　Hermana de un mal presente.

1935　Vierten lágrimas sus ojos
　　　Pero su pena no alivia;
　　　En esa costante lidia
　　　Sin un momento de calma,
　　　Contempla con los del alma
1940　Felicidades que envidia.

　　　Ningún consuelo penetra
　　　Detrás de aquellas murallas—
　　　El varón de más agallas,
　　　Aunque más duro que un perno,
1945　Metido en aquel infierno
　　　Sufre, gime, llora y calla.

　　　De furor el corazón
　　　Se le quiere reventar,
　　　Pero no hay sinó aguantar
1950　Aunque sosiego no alcance—
　　　¡Dichoso en tan duro trance

Aquel que sabe rezar!–

Dirige a dios su plegaria
El que sabe una oración!
1955 En esa tribulación
Gime olvidado del mundo,
Y el dolor es más projundo
Cuanto no halla compasión.

En tan crueles pesadumbres,
1960 En tan duro padecer,
Empezaba a encanecer
Después de muy pocos meses–
Allí lamenté mil veces
No haber aprendido a ler.

1965 Viene primero el furor,–
Después la melancolía–
En mi angustia no tenía
Otro alivio ni consuelo,
Sinó regar aquel suelo
1970 Con lágrimas noche y día.

A visitar otros presos
Sus familias solian ir!
Naides me visitó a mí
Mientras estuve encerrado–
1975 ¡Quién iba a costiarse allí
A ver un desamparado!!

¡Bendito seá el carcelero
Que tiene buen corazón!!
Yo sé que esta bendición
1980 Pocos pueden alcanzarla,–
Pues si tienen compasión
Su deber es ocultarla.

Jamás mi lengua podrá

Espresar cuánto he sufrido;
1985 En ese encierro metido,
Llaves, paredes, cerrojos–
Se graban tanto en los ojos
Que uno los ve hasta dormido.

....
....
....
....
....
....

El mate no se permite–
1990 No le permiten hablar,
No le permiten cantar
Para aliviar su dolor–
Y hasta el terrible rigor
De no dejarlo fumar.

1995 La justicia es muy severa
Suele rayar en crueldá:
Sufre el pobre que allí está
Calenturas y delirios,
Pues no esiste pior martirio
2000 Que esa eterna soledá.

Conversamos con las rejas
Por sólo el gusto de hablar–
Pero nos mandan callar
Y es preciso conformarnos;
2005 Pues no se debe irritar
A quien puede castigarnos.

Sin poder decir palabra,
Sufre en silencio sus males–
Y uno en condiciones tales

2010   Se convierte en animal,
        Privao del don principal
        Que Dios hizo a los mortales.

        Yo no alcanzo a comprender
        Por qué motivo será,
2015   Que el preso privao está
        De los dones más preciosos,
        Que el justo Dios bondadoso
        Otorgó a la humanidá.

        Pues que de todos los bienes,
2020   En mi inorancia lo infiero,
        Que le dio al hombre altanero
        Su Divina Majestá;
        La palabra es el primero,
        El segundo es la amistá.

2025   Y es muy severa la ley
        Que por un crimen o un vicio,
        Somete al hombre a un suplicio
        El más tremendo y atroz,
        Privado de un beneficio
2030   Que ha recebido de Dios.

        La soledá causa espanto—
        El silencio causa horror—
        Ese continuo terror
        Es el tormento más duro—
2035   Y en un presidio siguro
        Está de más tal rigor.—

        Inora uno si de allí
        Saldrá pa la sepoltura—
        El que se halla en desventura
2040   Busca a su lao otro ser;
        Pues siempre es güeno tener

Compañeros de amargura.

Otro más sabio podrá
Encontrar razón mejor,
2045 Yo no soy rebuscador,
Y ésta me sirve de luz;
Se los dieron al Señor
Al clavarlo en una cruz–

Y en las projundas tinieblas
2050 En que mi razón esiste,
Mi corazón se resiste
A ese tormento sin nombre–
Pues el hombre alegra al hombre,
Y el hablar consuela al triste.

....
....
....
....
....
....

2055 Grábenlo como en la piedra
Cuanto he dicho en este canto–
Y aunque yo he sufrido tanto
Debo confesarlo aquí;
El hombre que manda allí
2060 Es poco menos que un santo.

Y son buenos los demás,
A su ejemplo se manejan–
Pero por eso no dejan
Las cosas de ser tremendas;
2065 Piensen todos y compriendan
El sentido de mis quejas–

Y guarden en su memoria

Con toda puntualidá,
Lo que con tal claridá
2070 Les acabo de decir–
Mucho tendrán que sufrir
Si no cren en mi verdá;

Y si atienden mis palabras
No habrá calabozos llenos–
2075 Manéjense como buenos;
No olviden esto jamás:
Aquí no hay razón de más;
Más bien las puse de menos.

Y con esto me despido
2080 Todos han de perdonar–
Ninguno debe olvidar
La historia de un desgraciao.
Quien ha vivido encerrao
Poco tiene que contar–

13

EL HIJO SEGUNDO DE MARTÍN FIERRO

2085 Lo que les voy a decir
Ninguno lo ponga en duda,
Y aunque la cosa es peluda[59]
Haré la resolución,
Es ladino el corazón
2090 Pero la lengua no ayuda.–

El rigor de las desdichas

59. En sentido figurado, difícil, espinosa.

Hemos soportao diez años–
Pelegrinando entre estraños
Sin tener donde vivir;
2095 Y obligados a sufrir
Una máquina[60] de daños.

El que vive de este modo
De todos es tributario;
Falta el cabeza primario
2100 Y los hijos que él sustenta
Se dispersan como cuentas
Cuando se corta el rosario.

Yo anduve ansí como todos,
Hasta que al fin de sus días
2105 Supo mi suerte una tía
Y me recogió a su lado,
Allí viví sosegado
Y de nada carecía.–

No tenia cuidao alguno
2110 Ni que trabajar tampoco–
Y como muchacho loco
Lo pasaba de holgazán;
Con razón dice el refrán
Que lo bueno dura poco.

2115 En mí todo su cuidado
Y su cariño ponía–
Como a un hijo me quería
Con cariño verdadero–
Y me nombró de heredero
2120 De los bienes que tenía.–
El Juez vino sin tardanza

60. En sentido figurado, gran cantidad, número importante.

Cuanto falleció la vieja–
«De los bienes que te deja,
«Me dijo, yo he de cuidar;
2125 «Es un ródeo regular[61]
«Y dos majadas de ovejas.»

Era hombre de mucha labia
Con más leyes que un dotor–
Me dijo: «vos sos menor
2130 «Y por los años que tienes
«No podés manejar bienes,
«Voy a nombrarte un tutor.»

Tomó un recuento de todo
Porque entendia su papel,
2135 Y después que aquel pastel
Lo tuvo bien amasao,
Puso al frente un encargao,
Y a mí me llevó con él.–

Muy pronto estuvo mi poncho
2140 Lo mesmo que cernidor–
El chiripá estaba pior,
Y aunque para el frío soy guapo,
Ya no me quedaba un trapo
Ni pal frío ni pa el calor.

2145 En tan triste desabrigo
Tras de un mes, iba otro mes–
Guardaba silencio el Juez
La miseria me invadía–
Me acordaba de mi tía
2150 Al verme en tal desnudez.
No sé decir con fijeza

---

61. «Regular», en este caso, significa «poco importante», «de escaso valor».

El tiempo que pasé allí–
Y después de andar ansí
Como moro sin señor,[62]
2155 Pasé a poder del tutor
Que debia cuidar de mí.

14

Me llevó consigo un viejo
Que pronto mostró la hilacha–
Dejaba ver por la facha
2160 Que era medio cimarrón,–
Muy renegao, muy ladrón,
Y le llamaban Vizcacha.

Lo que el Juez iba buscando
Sospecho y no me equivoco–
2165 Pero este punto no toco
Ni su secreto averiguo–
Mi tutor era un antiguo
De los que ya quedan pocos.

Viejo lleno de camándulas–[63]
2170 Con un empaque a lo toro;
Andaba siempre en un moro
Metido no sé en qué enriedos–
Con las patas como loro,
De estribar entre los dedos.[64]

2175 Andaba rodiao de perros

---

62. *Moro sin señor* alude a un refrán español y significa estar sin dueño, deambulando de un lado para otro.
63. Artilugios de mala fe.
64. Separar los dedos de los pies.

Que eran todo su placer,
Jamás dejó de tener
Menos de media docena–
Mataba vacas ajenas
2180 Para darles de comer.

Carniábamos noche a noche
Alguna res en el pago;
Y dejando allí el rezago[65]
Alzaba en ancas el cuero,
2185 Que lo vendia a un pulpero
Por yerba, tabaco y trago.

Ah!, viejo más comerciante
En mi vida lo he encontrao–
Con ese cuero robao
2190 Él arreglaba el pastel,
Y allí entre el pulpero y él
Se estendía el certificao.–

La echaba de comedido;:
En las trasquilas,[66] lo viera,
2195 Se ponia como una fiera
Si cortaban una oveja;
Pero de alzarse no deja
Un vellón o unas tijeras.

Una vez me dio una soba
2200 Que me hizo pedir socorro,
Porque lastimé un cachorro
En el rancho de unas vascas–
Y al irse se alzó unas guascas,[67]
Para eso era como zorro.–
2205 ¡Ahijuna! dije entre mí

65. Residuo.
66. Esquilas.
67. Tira de cuero crudo, lonjeado y sobado.

Me has dao esta pesadumbre–
Ya verás cuanto vislumbre
Una ocasión medio güena,
Te he de quitar la costumbre
2210 De cerdiar yeguas ajenas.

Porque maté una vizcacha
Otra vez me reprendió–
Se lo vine a contar yo–
Y no bien se lo hube dicho–
2215 «Ni me nuembres ese bicho»
Me dijo, y se me enojó.

Al verlo tan irritao
Hallé prudente callar–
Este me va a castigar
2220 Dije entre mí, si se agravia–
Ya vi que les tenia rabia
Y no las volví a nombrar.

Una tarde halló una punta
De yeguas medio bichocas,[68]
2225 Después que voltió unas pocas
Las cerdiaba[69] con empeño–
Yo vide venir al dueño
Pero me callé la boca.

El hombre venia jurioso
2230 Y nos cayó como un rayo–
Se descolgó del caballo
Revoliando el arriador–
Y lo cruzó de un lazazo
Ahi no más a mi tutor.
2235 No atinaba don Vizcacha

68. Inservibles, viejas.
69. Cortar crines y colas de caballos o mulas, para venderlas.

A qué lado disparar,
Hasta que logró montar
Y de miedo del chicote,–[70]
Se lo apretó hasta el cogote
2240 Sin pararse a contestar.–

Ustedes creerán tal vez
Que el viejo se curaría–
No señores, lo que hacía,
Con más cuidao dende entonces,
2245 Era maniarlas de día
Para cerdiar a la noche.

Ese fue el hombre que estuvo
Encargao de mi destino–
Siempre anduvo en mal camino
2250 Y todo aquel vecinario
Decia que era un perdulario,[71]
Insufrible de dañino.–

Cuando el Juez me lo nombró
Al dármelo de tutor,
2255 Me dijo que era un señor
El que me debia cuidar–
Enseñarme a trabajar
Y darme la educación.–

Pero qué había de aprender
2260 Al lao de ese viejo paco;[72]
Que vivia como el chuncaco[73]

En los bañaos, como el tero–

70. Rebenque.
71. Sinvergüenza.
72. Huraño, malhumorado, pretencioso.
73. Sanguijuela.

Un haragán, un ratero,
Y más chillón que un barraco.[74]

2265 Tampoco tenia más bienes
Ni propiedá conocida
Que una carreta podrida,–
Y las paredes sin techo
De un rancho medio deshecho,
2270 Que le servía de guarida.–

Despúes de las trasnochadas
Allí venia a descansar–
Yo desiaba aviriguar
Lo que tuviera escondido,
2275 Pero nunca habia podido
Pues no me dejaba entrar.

Yo tenia una jergas viejas
Que habian sido más peludas–
Y con mis carnes desnudas,
2280 El viejo que era una fiera,
Me echaba a dormir ajuera,
Con unas heladas crudas.

Cuando mozo fue casao
Aunque yo lo desconfio–
2285 Y decia un amigo mío
Que de arrebatao y malo,
Mató a su mujer de un palo
Porque le dio un mate frío.

Y viudo por tal motivo
2290 Nunca se volvió a casar;
No era fácil encontrar

74. Verraco, cerdo salvaje.

Ninguna que lo quisiera,
Todas temerian llevar
La suerte de la primera.

2295 Soñaba siempre con ella
Sin duda por su delito,
Y decia el viejo maldito
El tiempo que estuvo enfermo,
Que ella dende el mesmo infierno
2300 Lo estaba llamando a gritos.

15

Siempre andaba retobao
Con ninguno solia hablar–
Se divertia en escarbar
Y hacer marcas con el dedo–
2305 Y cuanto se ponia en pedo
Me empezaba aconsejar.–

Me parece que lo veo
Con su poncho calamaco–[75]
Después de echar un buen taco
2310 Ansí principiaba a hablar:
«Jamás llegués a parar
«Adonde veás perros flacos.»

«El primer cuidao del hombre
Es defender el pellejo–
2315 Llevate de mi consejo,
Fijate bien en lo que hablo:
El diablo sabe por diablo

75. Poncho de tejido araucano, muy rústico.

Pero más sabe por viejo.»

«Hacete amigo del Juez
2320   No le des de qué quejarse;–
Y cuando quiera enojarse
Vos te debés encoger,
Pues siempre es güeno tener
Palenque ande ir a rascarse.»

2325   «Nunca le llevés la contra
Porque él manda la gavilla–[76]
Allí sentao en su silla
Ningún güey le sale bravo–
A uno le da con el clavo
2330   Y a otro con la cantramilla.»[77]

«El hombre, hasta el más soberbio,
Con más espinas que un tala,[78]
Aflueja andando en la mala
Y es blando como manteca;
2335   Hasta la hacienda baguala
Cai al jagüel[79] con la seca.»

«No andés cambiando de cueva,
Hacé las que hace el ratón–
Conservate en el rincón
2340   En que empezó tu esistencia–
Vaca que cambia querencia,

76. Grupo de personas obsecuentes y despreciables que obedecen a los
superiores para acomodarse.
77. Herramienta que se empleaba para castigar a los bueyes, a fin de que
obedeciera.
78. Árbol espinoso, de gran tamaño y muy resistente, típico de la provincia de
Buenos Aires.
79. Pozo que se excava hasta la primera napa de agua, adonde van a beber los
animales.

Se atrasa en la parición.»

Y menudiando los tragos
Aquel viejo, como cerro–
2345 «No olvides, me decia, Fierro,
Que el hombre no debe crer,
En lágrimas de mujer
Ni en la renguera del perro.»

«No te debés afligir
2350 Aunque el mundo se desplome–
Lo que más precisa el hombre,
Tener, según yo discurro,
Es la memoria del burro,
Que nunca olvida ande come.»

2355 «Dejá que caliente el horno
El dueño del amasijo–
Lo que es yo, nunca me aflijo
Y a todito me hago el sordo–
El cerdo vive tan gordo
2360 Y se come hasta los hijos.»

«El zorro que ya es corrido[80]
Dende lejos la olfatea–
No se apure quien desea
Hacer lo que le aproveche–
2365 La vaca que más rumea
Es la que da mejor leche.»

«El que gana su comida
Bueno es que en silencio coma
Ansina, vos ni por broma–
2370 Querrás llamar la atención–
Nunca escapa el cimarrón

80. Experimentado.

Si dispara por la loma.»[81]

«Yo voy donde me conviene
Y jamás me descarrío,
2375 Llevate el ejemplo mío
Y llenarás la barriga;
Aprendé de las hormigas,
No van a un noque vacío.»

«A naides tengas envidia,
2380 Es muy triste el envidiar,
Cuando veás a otro ganar
A estorbarlo no te metas—
Cada lechón en su teta
Es el modo de mamar.»

2385 «Ansí se alimentan muchos
Mientras los pobres lo pagan—
Como el cordero hay quien lo haga
En la puntita no niego—
Pero otros como el borrego
2390 Toda entera se la tragan.»

«Si buscás vivir tranquilo
Dedicate a solteriar—
Mas si te querés casar,
Con esta alvertencia sea,
2395 Que es muy difícil guardar
Prenda que otros codicean.»

«Es un bicho la mujer
Que yo aquí no lo destapo,—
Siempre quiere al hombre guapo,
2400 Mas fijate en la eleción;
Porque tiene el corazón

81. *Disparar por la loma*: huir por donde se lo ve con facilidad.

Como barriga de sapo.»[82]

      Y gangoso con la tranca,
      Me solia decir, «potrillo,
2405 Recién te apunta el cormillo
      Mas te lo dice un toruno,[83]
      No dejés que hombre ninguno
      Te gane el lao del cuchillo».[84]

      «Las armas son necesarias
2410 Pero naides sabe cuándo;
      Ansina si andás pasiando,
      Y de noche sobre todo,
      Debés llevarlo de modo
      Que al salir, salga cortando.»

2415 «Los que no saben guardar
      Son pobres aunque trabajen–
      Nunca por más que se atajen
      Se librarán del cimbrón,–[85]
      Al que nace barrigón
2420 Es al ñudo que lo fajen.»

      Donde los vientos me llevan
      Allí estoy como en mi centro–
      Cuando una tristeza encuentro
      Tomo un trago pa alegrarme;
2425 A mí me gusta mojarme
      Por ajuera y por adentro.»
      «Vos sos pollo, y te convienen

82. *Como barriga de sapo*: frío, que no se contenta con nada.
83. *Toruno*: vacuno macho mal castrado, al que le queda un solo testículo y eso lo hace bravo, desconfiado y peleador.
84. *Que le ganen a uno el «lao» del cuchillo*: dejarse sorprender.
85. Golpe que recibe el jinete cuando el caballo tironea y corta el lazo. En sentido figurado, acontecimiento fundamental en la vida de un hombre.

Toditas estas razones,
Mis consejos y leciones
2430 No echés nunca en el olvido–
En las riñas he aprendido
A no peliar sin puyones.»[86]

Con estos consejos y otros
Que yo en mi memoria encierro,
2435 Y que aquí no desentierro
Educándome seguía–
Hasta que al fin se dormía
Mesturao entre los perros.

16

Cuando el viejo cayó enfermo
2440 Viendo yo que se empioraba,
Y que esperanza no daba
De mejorarse siquiera–
Le truje una culandrera[87]
A ver si lo mejoraba–

2445 En cuanto lo vio me dijo:
«Este no aguanta el sogazo–
«Muy poco le doy de plazo,
«Nos va a dar un espetáculo,
«Porque debajo del brazo
2450 «Le ha salido un tabernáculo.»[88]

Dice el refrán que en la tropa

86. Puones, espolones de acero que se colocaban en las espuelas de los gallos de
riña.
87. Curandera.
88. Tumor.

Nunca falta un güey corneta–[89]
Uno que estaba en la puerta
Le pegó el grito ahi no más:
2455 «Tabernáculo..... qué bruto,
«Un tubérculo dirás».

Al verse ansí interrumpido
Al punto dijo el cantor:
«No me parece ocasión
2460 «De meterse los de ajuera,
«Tabernáculo, señor,
«Le decia la culandrera».

El de ajuera repitió
Dandolé otro chaguarazo–[90]
2465 «Allá va un nuevo bolazo
«Copo y se la gano en puerta:
«A las mujeres que curan
«Se les llama curanderas».

No es bueno, dijo el cantor,
2470 Muchas manos en un plato,
Y diré al que ese barato
Ha tomao de entremetido,
Que no creia haber venido
A hablar entre liberatos–[91]

2475 Y para seguir contando
La historia de mi tutor,
Le pediré a ese dotor
Que en mi inorancia me deje,
Pues siempre encuentra el que teje

89. Buey corneta, el que tiene un cuerno hacia arriba y otro hacia abajo. En
este caso, alude al individuo rebelde, que no obedece.
90. Golpe dado con una soga de chaguá (planta textil).
91. Literatos.

2480   Otro mejor tejedor.

        Seguia enfermo como digo
        Cada vez más emperrao—
        Yo estaba ya acobardao
        Y lo espiaba dende lejos:
2485   Era la boca del viejo
        La boca de un condenao.–

        Allá pasamos los dos
        Noches terribles de invierno—
        Él maldecía al Padre Eterno
2490   Como a los santos benditos—
        Pidiéndole al diablo a gritos
        Que lo llevara al infierno.

        Debe ser grande la culpa
        Que a tal punto mortifica—
2495   Cuando vía una reliquia
        Se ponia como azogado,
        Como si a un endemoniado
        Le echaran agua bendita.

        Nunca me le puse a tiro,
2500   Pues era de mala entraña;
        Y viendo herejia tamaña—
        Si alguna cosa le daba,
        De lejos se la alcanzaba
        En la punta de una caña.

2505   Será mejor, decia yo,
        Que abandonado lo deje
        Que blasfeme y que se queje—
        Y que siga de esta suerte,
        Hasta que venga la muerte
2510   Y cargue con este hereje.

        Cuando ya no pudo hablar

Le até en la mano un cencerro–
Y al ver cercano su entierro,
Arañando las paredes
2515 Espiró allí entre los perros
Y este servidor de ustedes.

17

Le cobré un miedo terrible
Después que lo vi dijunto–
Llamé al Alcalde, y al punto,
2520 Acompañado se vino
De tres o cuatro vecinos
A arreglar aquel asunto.

«Anima bendita» dijo,
«Un viejo medio ladiao–[92]
2525 «Que Dios lo haiga perdonao,
«Es todo cuanto deseo–
«Le conocí un pastoreo
«De terneritos robaos».

«Ansina es, dijo el Alcalde,
2530 Con eso empezó a poblar–
Yo nunca podré olvidar
Las travesuras que hizo;
Hasta que al fin fue preciso
Que le privasen carniar».

2535 «De mozo fue muy jinete
No lo bajaba un bagual–
Pa ensillar un animal

92. Torcido, encorvado.

Sin necesitar de otro,
Se encerraba en el corral
2540   Y allí galopiaba el potro».

«Se llevaba mal con todos–
Era su costumbre vieja
El mesturar las ovejas,
Pues al hacer el aparte[93]
2545   Sacaba la mejor parte
Y después venia con quejas».

«Dios lo ampare al pobrecito
Dijo enseguida un tercero,
Siempre robaba carneros,
2550   En eso tenia destreza–
Enterraba las cabezas,
Y después vendia los cueros»,

«Y qué costumbre tenía
Cuando en el jogón estaba–
2555   Con el mate se agarraba
Estando los piones juntos–
Yo tallo,[94] decia, y apunto,
Y a ninguno convidaba»–

«Si ensartaba algún asao,
2560   Pobre! como si lo viese!
Poco antes que estuviese,
Primero lo maldecía,
Luego después lo escupía
Para que naides comiese.»

2565   «Quien le quitó esa costumbre

93. *Hacer el aparte*: separar, dividir el ganado.
94. Tallar, en este caso, cebar el mate («Yo cebo»).

De escupir el asador,
Fue un mulato resertor
Que andaba de amigo suyo–
Un diablo, muy peliador
2570   Que le llamaban Barullo.»

«Una noche que les hizo
Como estaba acostumbrao,
Se alzó el mulato enojao,
Y le gritó, «viejo indino,
2575   «Yo te he enseñar, cochino,
«A echar saliva al asao.»

«Lo saltó por sobre el juego
Con el cuchillo en la mano;
¡La pucha el pardo[95] liviano!
2580   En la mesma atropellada
Le largó una puñalada
Que la quitó otro paisano.»

«Y ya caliente Barullo,
Quiso seguir la chacota,
2585   Se le habia erizao la mota
Lo que empezó la reyerta:
El viejo ganó la puerta
Y apeló a las de gaviota–»[96]

«De esa costumbre maldita
2590   Dende entonces se curó,
A las casas no volvió
Se metió en un cicutal;
Y allí escondido pasó
Esa noche sin cenar.»
2595   Esto hablaban los presentes–

95. Negro, en este caso con sentido admirativo.
96. Huyó.

Y yo que estaba a su lao
Al oir lo que he relatao,
Aunque él era un perdulario,
Dije entre mí: «qué rosario
2600 Le están rezando al finao.»

Luego comenzó el alcalde
A registrar cuanto había,
Sacando mil chucherías
Y guascas y trapos viejos,
2605 Temeridá[97] de trebejos[98]
Que para nada servían.–

Salieron lazos, cabrestos,
Coyundas y maniadores–
Una punta de arriadores;
2610 Cinchones, máneas, torzales,
Una porción de bozales
Y un montón de tiradores.

Habia riendas de domar,
Frenos y estribos quebraos;
2615 Bolas, espuelas, recaos,
Unas pavas, unas ollas,
Y un gran manojo de argollas
De cinchas que habia cortao.

Salieron varios cencerros–
2620 Alesnas, lonjas, cuchillos,
Unos cuantos cojinillos,
Un alto de jergas viejas,
Muchas botas desparejas
Y una infinidá de anillos.
2625 Habia tarros de sardinas,

97. Temeridad; en este caso, tiene el significado de «gran cantidad», «cantidad asombrosa».
98. Cosas, herramientas, utensilios.

Unos cueros de venao–
Unos ponchos aujeriaos–
Y en tan tremendo entrevero
Apareció hasta un tintero
2630 Que se perdió en el Juzgao.

Decia el Alcalde muy serio
«Es poco cuanto se diga,
«Habia sido como hormiga,
«He de darle parte al Juez–
2635 «Y que me venga después
Conque no se los persiga.»

Yo estaba medio azorao
De ver lo que sucedía–
Entre ellos mesmos decían
2640 Que unas prendas eran suyas,
Pero a mí me parecía
Que ésas eran aleluyas.[99]

Y cuando ya no tuvieron
Rincón donde registrar,
2645 Cansaos de tanto huroniar[100]
Y de trabajar de balde–
«Vámosnos, dijo el Alcalde
«Luego lo haré sepultar.»

Y aunque mi padre no era
2650 El dueño de ese hormiguero,
Él allí muy cariñero
Me dijo con muy buen modo:
«Vos serás el heredero
«Y te harás cargo de todo».
2655 «Se ha de arreglar este asunto

99. Mentiras.
100. Huronear, revolver.

«Como es preciso que sea;
«Voy a nombrar albacea
«Uno de los circustantes–
«Las cosas no son como antes
2660 «Tan enredadas y feas.»

Bendito Dios! pensé yo,
Ando como un pordiosero,
Y me nuembran heredero
De toditas estas guascas–
2665 Quisiera saber primero
Lo que se han hecho mis vacas!

18

Se largaron como he dicho
A disponer el entierro–
Cuando me acuerdo me aterro,
2670 Me puse a llorar a gritos
Al verme allí tan solito
Con el finao y los perros.

Me saqué el escapulario
Se lo colgué al pecador–
2675 Y como hay en el Señor
Misericordia infinita,
Rogué por la alma bendita
Del que antes jue mi tutor.

No se calmaba mi duelo
2680 De verme tan solitario–
Ahi le champurrié[101] un rosario
Como si juera mi padre–

---

101. Chapurrear, hablar mal un idioma.

Besando el escapulario
Que me habia puesto mi madre.

2685 Madre mía, gritaba yo
Dónde andarás padeciendo–
El llanto que estoy virtiendo
Lo redamarias por mí,
Si vieras a tu hijo aquí
2690 Todo lo que esta sufriendo.

Y mientras ansí clamaba
Sin poderme consolar–
Los perros para aumentar
Más mi miedo y mi tormento–
2695 En aquel mesmo momento
Se pusieron a llorar–

Libre Dios a los presentes
De que sufran otro tanto;
Con el muerto y esos llantos
2700 Les juro que falta poco
Para que me vuelva loco
En medio de tanto espanto.

Decian entonces las viejas
Como que eran sabedoras,
2705 Que los perros cuando lloran
Es porque ven al demonio;
Yo creia en el testimonio
Como cre siempre el que inora.

Ahi dejé que los ratones
2710 Comieran el guasquerío–
Y como anda a su albedrío
Todo el que güérfano queda–
Alzando lo que era mío
Abandoné aquella cueva.

....

....
....
....
....
....

2715   Supe después que esa tarde
        Vino un pion y lo enterró–
        Ninguno lo acompañó
        Ni lo velaron siquiera–
        Y al otro dia amaneció
2720   Con una mano dejuera.

        Y me ha contado además
        El gaucho que hizo el entierro,
        Al recordarlo me aterro,
        Me da pavor este asunto,
2725   Que la mano del dijunto
        Se la habia comido un perro.

        Tal vez yo tuve la culpa
        Porque de asustao me fui–
        Supe después que volví,
2730   Y asigurárselos puedo,
        Que los vecinos de miedo
        No pasaban por allí–

        Hizo del rancho guarida
        La sabandija más sucia;
2735   El cuerpo se despeluza[102]
        Y hasta la razón se altera,
        Pasaba la noche entera
        Chillando allí una lechuza.
        Por mucho tiempo no pude

102. De espeluznarse, aterrarse.

2740 Saber lo que me pasaba–
Los trapitos con que andaba
Eran puras hojarascas–
Todas las noches soñaba
Con viejos, perros y guascas.

19

2745 Anduve a mi voluntá
Como moro sin señor–
Ése fue el tiempo mejor
Que yo he pasado tal vez–
De miedo de otro tutor–
2750 Ni aporté por lo del Juez–

«Yo cuidaré, me habia dicho,
«De lo de tu propiedá–
«Todo se conservará
«El vacuno y los rebaños
2755 «Hasta que cumplás treinta años
«En que seás mayor de edá.–»

Y aguardando que llegase
El tiempo que la ley fija–
Pobre como largartija
2760 Y sin respetar a naides,
Anduve cruzando al aire
Como bola sin manija.

Me hice hombre de esa manera
Bajo el más duro rigor–
2765 Sufriendo tanto dolor
Muchas cosas aprendí:
Y por fin, vítima fui
Del más desdichado amor.

De tantas alternativas

2770 Ésta es la parte peluda–
Infeliz y sin ayuda
Fue estremado mi delirio,
Y causaban mi martirio
Los desdenes de una viuda.

2775 Llora el hombre ingratitudes
Sin tener un jundamento,[103]
Acusa sin miramiento
A la que el mal le ocasiona,
Y tal vez en su persona
2780 No hay ningún merecimiento.

Cuando yo más padecía
La crueldá de mi destino–
Rogando al poder divino
Que del dolor me separe–
2785 Me hablaron de un adivino
Que curaba esos pesares.–

Tuve recelos y miedos
Pero al fin me disolví–
Hice coraje y me fui
2790 Donde el adivino estaba,
Y por ver si me curaba
Cuanto llevaba le di.

Me puse al contar mis penas
Más colorao que un tomate–
2795 Y se me añudó el gaznate
Cuando dijo el ermitaño–
«Hermano, le han hecho daño
Y se lo han hecho en un mate.»
«Por verse libre de usté

103. Fundamento.

2800   «Lo habrán querido embrujar»
       Después me empezó a pasar
       Una pluma de avestruz–
       Y me dijo: «de la Cruz
       «Recebí el don de curar».

2805   «Debés maldecir, me dijo,
       «A todos tus conocidos
       «Ansina el que te ha ofendido
       «Pronto estará descubierto–
       «Y deben ser maldecidos
2810   «Tanto vivos como muertos.»

       Y me recetó que hincao
       En un trapo de la viuda
       Frente a una planta de ruda
       Hiciera mis oraciones,
2815   Diciendo: «no tengás duda
       «Eso cura las pasiones».

       A la viuda en cuanto pude
       Un trapo le manotié;–
       Busqué la ruda y al pie
2820   Puesto en cruz hice mi rezo;
       Pero, amigos, ni por eso
       De mis males me curé.

       Me recetó otra ocasión
       Que comiera abrojo chico–
2825   El remedio no me esplico,
       Mas por desechar el mal–
       Al ñudo en un abrojal
       Fi a ensangrentarme el hocico.

       Y con tanta medecina
2830   Me parecia que sanaba;–
       Por momentos se aliviaba

Un poco mi padecer,
Mas si a la viuda encontraba
Volvia la pasión a arder.

2835   Otra vez que consulté
Su saber estrodinario,
Recibió bien su salario,
Y me recetó aquel pillo
Que me colgase tres grillos,
2840   Ensartaos como rosario.–

Por fin la última ocasión
Que por mi mal lo fi a ver,–
Me dijo– «No, mi saber
«No ha perdido su virtú,
2845   «Yo te daré la salú
«No triunfará esa mujer.»

«Y tené fe en el remedio
«Pues la cencia no es chacota,
«De esto no entendés ni jota,
2850   «Sin que ninguno sospeche:
«Cortale a un negro tres motas
«Y hacelas hervir en leche.»

Yo andaba ya desconfiando
De la curación maldita–
2855   Y dije– «éste no me quita
«La pasión que me domina;
«Pues que viva la gallina
«Aunque seá con la pepita.»[104]

Ansí me dejaba andar
2860   Hasta que en una ocasión,
El cura me echó un sermón,

104. Enfermedad de las gallinas.

Para curarme sin duda;
Diciendo que aquella viuda
Era hija de confisión.−

2865 Y me dijo estas palabras
Que nunca las he olvidao−
«Has de saber que el finao
«Ordenó en su testamento
«Que naides de casamiento
2870 «Le hablara en lo sucesivo−
«Y ella prestó el juramento
«Mientras él estaba vivo.»

«Y es preciso que lo cumpla
«Porque ansí lo manda Dios,
2875 «Es necesario que vos
«No la vuelvas a buscar,−
«Porque si llega a faltar
«Se condenarán los dos.»

Con semejante alvertencia
2880 Se completó mi redota;
Le vi los pies a la sota,[105]
Y me le alejé a la viuda
Más curao que con la rudá,
Con los grillos y las motas.

2885 Despúes me contó un amigo
Que al Juez le habia dicho el cura,
«Que yo era un cabeza dura
«Y que era un mozo perdido,
«Que me echaran del partido,
2890 «Que no tenia compostura.»

Tal vez por ese consejo

---

105. *Verle los pies a la sota*: darse cuenta de un gran peligro.

Y sin que más causa hubiera,
Ni que otro motivo diera–
Me agarraron redepente
2895 Y en el primer contingente
Me echaron a la frontera.

De andar persiguiendo viudas
Ya me he curao el deseo,–
En mil penurias me veo–
2900 Mas pienso volver tal vez,
A ver si sabe aquel Juez
Lo que se ha hecho mi rodeo.

20

Martín Fierro y sus dos hijos,
Entre tanta concurrencia
2905 Siguieron con alegría
Celebrando aquella fiesta.
Diez años, los más terribles
Habia durado la ausencia
Y al hallarse nuevamente
2110 Era su alegria completa.
En ese mesmo momento
Uno que vino de afuera,
A tomar parte con ellos
Suplicó que lo almitieran.
2915 Era un mozo forastero
De muy regular presencia,
Y hacia poco que en el pago
Andaba dando sus güeltas,
Aseguraban algunos
2920 Que venia de la frontera,
Que habia pelao a un pulpero
En las últimas carreras,

Pero andaba despilchao
No traia una prenda buena,
2925 Un recadito cantor[106]
Daba fe de sus pobrezas–
Le pidió la bendición
Al que causaba la fiesta
Y sin decirles su nombre
2930 Les declaro con franqueza
Que el nombre de *Picardía*
Es el único que lleva,
Y para contar su historia
A todos pide licencia,
2935 Diciéndoles que en seguida
Iban a saber quién era.
Tomó al punto la guitarra,
La gente se puso atenta,
Y ansí cantó *Picardía*
2940 En cuanto templó las cuerdas.

21

PICARDÍA

Voy a contarles mi historia
Perdónenme tanta charla–
Y les diré al principiarla,
Aunque es triste hacerlo ansí,
2945 A mi madre la perdí
Antes de saber llorarla.

Me quedé en el desamparo,
Y al hombre que me dio el ser
No lo pude conocer,

106. Recado gastado, pobre.

2950 Ansí, pues, dende chiquito,
Volé como el pajarito
En busca de qué comer.

O por causa del servicio[107]
Que a tanta gente destierra—
2955 O por causa de la guerra
Que es causa bastante seria,
Los hijos de la miseria
Son muchos en esta tierra.

Ansí, por ella empujado
2960 No sé las cosas que haría,
Y aunque con vergüenza mía,
Debo hacer esta alvertencia,
Siendo mi madre Inocencia
Me llamaban Picardía.

2965 Me llevó a su lado un hombre
Para cuidar las ovejas—
Pero todo el dia eran quejas
Y guascazos a lo loco,
Y no me daba tampoco
2970 Siquiera unas jergas viejas.

Dende la alba hasta la noche,
En el campo me tenía—
Cordero que se moría,
Mil veces me sucedió—
2975 Los caranchos lo comían
Pero lo pagaba yo.

De trato tan rigoroso
Muy pronto me acobardé—

107. Servicio militar.

El bonete me apreté[108]
2980 Buscando mejores fines,
Y con unos volantines[109]
Me fui para Santa Fe.

El pruebista principal
A enseñarme me tomó–
2985 Y ya iba aprendiendo yo
A bailar en la maroma,[110]
Mas me hicieron una broma
Y aquello me indijustó.

Una vez que iba bailando,
2990 Porque estaba el calzón roto
Armaron tanto alboroto
Que me hicieron perder pie;
De la cuerda me largué
Y casi me descogoto.

2995 Ansí me encontré de nuevo
Sin saber dónde meterme–
Y ya pensaba volverme
Cuando por fortuna mía,
Me salieron unas tías
3000 Que quisieron recogerme.

Con aquella parentela,
Para mí desconocida,
Me acomodé ya en seguida,
Y eran muy buenas señoras;
3005 Pero las más rezadoras
Que he visto en toda mi vida.

108. *Apretarse el bonete*: huir.
109. Volatineros.
110. Cuerda del equilibrista.

Con el toque de oración
Ya principiaba el rosario;–
Noche a noche un calendario
3010 Tenian ellas que decir,
Y a rezar solian venir
Muchas de aquel vecindario.

Lo que allí me aconteció
Siempre lo he de recordar–
3015 Pues me empiezo a equivocar
Y a cada paso refalo–
Como si me entrara el malo[111]
Cuanto me hincaba a rezar.

Era como tentación
3020 Lo que yo esperimenté–
Y jamás olvidaré
Cuánto tuve que sufrir,
Porque no podia decir
«Artículos de la Fe».

3025 Tenia al lao una mulata
Que era nativa de allí–
Se hincaba cerca de mí
Como el ángel de la guarda–
Pícara, y era la parda
3030 La que me tentaba ansí.

«Rezá, me dijo mi tía,
«Artículos de la Fe»–
Quise hablar y me atoré–
La dificultá me aflige–
3035 Miré a la parda, y ya dije
«Artículos de Santa Fe».

111. El diablo.

Me acomodó el coscorrón
Que estaba viendo venir–
Yo me quise corregir,
3040 A la mulata miré
Y otra vez volví a decir
«Artículos de Santa Fe».

Sin dificultá ninguna
Rezaba todito el día,
3045 Y a la noche no podía
Ni con un trabajo inmenso;
Es por eso que yo pienso
Que alguno me tentaría.

Una noche de tormenta,
3050 Vi a la parda y me entró chucho–[112]
Los ojos– me asusté mucho,
Eran como refocilo:[113]
Al nombrar a San Camilo,
Le dije San Camilucho.[114]

3055 Ésta me da con el pie
Aquella otra con el codo–
Ah! viejas,– por ese modo,
Aunque de corazón tierno,
Yo las mandaba al infierno
3060 Con oraciones y todo.

Otra vez, que como siempre
La parda me perseguía,
Cuando me acordé, mis tías
Me habian sacao un mechón
3065 Al pedir la estirpación
De todas las herejías.

112. Miedo.
113. Refucilo, relámpago.
114. *Camilucho*: apodo para los cobardes.

Aquella parda maldita
Me tenia medio afligido,
Y ansí, me había sucedido,
3070 Que al decir estirpación–
Le acomodé entripación
Y me cayeron sin ruido–

El recuerdo y el dolor
Me duraron muchos días–
3057 Soñé con las herejías
Que andaban por estirpar–
Y pedia siempre al rezar
La estirpación de mis tías.

Y dale siempre rosarios,
3080 Noche a noche y sin cesar–
Dale siempre barajar
Salves, trisagios y credos,
Me aburrí de esos enriedos
Y al fin me mandé a mudar.

22

3085 Anduve como pelota,
Y más pobre que una rata–
Cuando empecé a ganar plata
Se armó no sé qué barullo–
Yo dije: a tu tierra grullo[115]
3090 Aunque seá con una pata.

Eran duros y bastantes
Los años que allá pasaron–

115. Grulla.

Con lo que ellos me enseñaron
Formaba mi capital—
3095 Cuanto vine me enrolaron
En la Guardia Nacional.

Me habia ejercitao al naipe,
El juego era mi carrera;—
Hice alianza verdadera
3100 Y arreglé una trapisonda
Con el dueño de una fonda
Que entraba en la peladera.[116]

Me ocupaba con esmero
En floriar una baraja—[117]
3105 Él la guardaba en la caja
En paquete como nueva;
Y la media arroba[118] lleva
Quien conoce la ventaja.

Comete un error inmenso
3110 Quien de la suerte presuma,
Otro más hábil lo fuma,
En un dos por tres, lo pela;—
Y lo larga que no vuela
Porque le falta una pluma.

3115 Con un socio que lo entiende
Se arman partidas muy buenas,
Queda allí la plata ajena,
Quedan prendas y botones;—
Siempre cain a esas riuniones
3120 Zonzos con las manos llenas.

116. Despojar a alguien por medio de trampas con los naipes.
117. «Arreglar» los naipes de modo de hacer trampa sin que nadie lo advierta.
118. Llevar ventaja sobre el adversario.

Hay muchas trampas legales,
Recursos del jugador–
No cualquiera es sabedor
A lo que un naipe se presta–
3125 Con una *cincha* bien puesta[119]
Se la pega[120] uno al mejor.

Deja a veces ver la boca
Haciendo el que se descuida–
Juega el otro hasta la vida
3130 Y es siguro que se ensarta,
Porque no muestra una carta
Y tiene otra prevenida.

Al monte[121], las precauciones
No han de olvidarse jamás–
3135 Debe afirmarse además
Los dedos para el trabajo–
Y buscar asiento bajo
Que le dé la luz de atrás.

Pa tallar, tome la luz–
3140 Dé la sombra al alversario–
Acomódese al contrario
En todo juego cartiao–
Tener ojo ejercitao
Es siempre muy necesario.

3145 El contrario abre los suyos,
Pero nada ve el que es ciego–
Dándole soga,[122] muy luego

119. *Cincha bien puesta*: en sentido figurado, baraja «cargada».
120. *Pegársela*: engañar.
121. *Monte*: juego de cartas muy popular entre los gauchos.
122. *Dar soga*: animar al otro para luego hacerlo caer en una trampa.

Se deja pescar el tonto–
Todo chapetón cree pronto
3150 Que sabe mucho en el juego.

Hay hombres muy inocentes
Y que a las carpetas van–
Cuando azariados[123] están,
Les pasa infinitas veces,
3155 Pierden en puertas y en treses,[124]
Y dándoles *mamarán*.

El que no sabe, no gana
Aunque ruegue a Santa Rita,–[125]
En la carpeta a un mulita[126]
3160 Se le conoce al sentarse–
Y conmigo, era matarse,
No podian ni a la manchita.[127]

En el nueve[128] y otros juegos
Llevo ventaja no poca–
3165 Y siempre que dar me toca
El mal no tiene remedio,
Porque sé sacar del medio
Y sentar la de la boca.[129]

En el truco, al más pintao
3170 Solia ponerlo en apuro;
Cuando aventajar procuro,

123. Nerviosos.
124. *Puertas y treses*: jugadas en el juego de monte.
125. Santa de los imposibles.
126. Torpe, ingenuo.
127. Juego infantil.
128. Juego de naipes.
129. *Sentar la de la boca*: desplazar una carta disimuladamente y sacar la que está debajo.

Sé tener, como fajadas,
Tiro a tiro el as de espadas
O flor, o envite siguro.

3175   Yo sé defender mi plata
Y lo hago como el primero,
El que ha de jugar dinero
Preciso es que no se atonte–
Si se armaba una de monte,
3180   Tomaba parte el fondero.

Un pastel,[130] como un paquete,
Sé llevarlo con limpieza;
Dende que a salir empiezan
No hay carta que no recuerde;–
3185   Sé cuál se gana o se pierde
En cuanto cain a la mesa.

También por estas jugadas
Suele uno verse en aprietos;–
Mas yo no me comprometo
3190   Porque sé hacerlo con arte,
Y aunque les corra el descarte[131]
No se descubre el secreto.

Si me llamaban al dao[132]
Nunca me solia faltar
3195   Un *cargado* que largar,
Un *cruzao*[133] para el más vivo;
Y hasta atracarles un *chivo*[134]
Sin dejarlos maliciar.

130. Mazo de cartas «arreglado», para que salgan las deseadas.
131. *Correr el descarte*: revisar las cartas repartidas para ver si hubo un error.
132. Dados.
133. Dado que lleva el mismo número en caras opuestas.
134. *Atracar un chivo*: hacer pasar una cosa por otra.

Cargaba bien una taba
3200 Porque la sé manejar;
No era manco en el billar,
Y por fin de lo que esplico,
Digo que hasta con pichicos,[135]
Era capaz de jugar.

3205 Es un vicio de mal fin,
El de jugar, no lo niego;
Todo el que vive del juego
Anda a la pesca de un bobo,–
Y es sabido que es un robo
3210 Ponerse a jugarle a un ciego.

Y esto digo claramente
Porque he dejao de jugar;
Y les puedo asigurar
Como que fui del oficio–
3215 Más cuesta aprender un vicio
Que aprender a trabajar.

23

Un nápoles[136] mercachifle
Que andaba con un arpista,
Cayó también en la lista
3220 Sin dificultá ninguna:
Lo agarré a la treinta y una[137]
Y le daba bola vista.[138]

135. *Pichicos*: huesos pequeños de las patas de los animales, con que jugaban los niños.
136. Napolitano.
137. Juego de taba en el que se gana con treinta y un puntos.
138. Gran ventaja en el juego que les dan los expertos a los rivales que no juegan tan bien.

Se vino haciendo el chiquito,
Por sacarme esa ventaja;
3225 En el pantano se encaja
Aunque robo se le hacía–
Lo cegó Santa Lucía
Y desocupó las cajas.

Lo hubieran visto afligido
3230 Llorar por las chucherías–
«Ma gañao con picardía»
Decia el gringo y lagrimiaba,
Mientras yo en un poncho alzaba
Todita su merchería.[139]

3235 Quedó allí aliviao del peso
Sollozando sin consuelo,
Habia caido en el anzuelo
Tal vez porque era domingo,
Y esa calidá de gringo
3240 No tiene santo en el cielo.

Pero poco aproveché
De fatura tan lucida:
El diablo no se descuida,
Y a mí me seguia la pista
3245 Un ñato muy enredista
Que era Oficial de partida.

Se me presentó a esigir
La multa en que habia incurrido,
Que el juego estaba prohibido
3250 Que iba a llevarme al cuartel–
Tuve que partir con él
Todo lo que habia alquirido.

139. Mercadería.

Empecé a tomarlo entre ojos
Por esa albitrariedá;
3255 Yo habia ganao, es verdá,
Con recursos, eso sí;
Pero él me ganaba a mí
Fundao en su autoridá.

Decian que por un delito
3260 Mucho tiempo anduvo mal;
Un amigo servicial
Lo compuso con el Juez,
Y poco tiempo después
Lo pusieron de Oficial.

3265 En recorrer el partido
Continuamente se empleaba,
Ningún malevo agarraba
Pero traia en un carguero,
Gallinas, pavos, corderos
3270 Que por ahi recoletaba.

No se debia permitir
El abuso a tal estremo:
Mes a mes hacia lo mesmo
Y ansí decia el vecindario,
3275 «Este ñato perdulario
«Ha resucitao el diezmo.»

La echaba de guitarrero
Y hasta de concertador:[140]
Sentao en el mostrador
3280 Lo hallé una noche cantando–
Y le dije: –co.. mo.. quiando[141]
Con ganas de oir un cantor.

140. Coplero.
141. «Como que ando», juego de palabras que alude a «moquear», forma de decirle «pavo» al oficial.

Me echó el ñato una mirada
Que me quiso devorar–
3285 Mas no dejó de cantar
Y se hizo el desentendido–
Pero ya habia conocido
Que no lo podía pasar–

Una tarde que me hallaba
3290 De visita... vino el ñato,
Y para darle un mal rato
Dije fuerte.. «Ña... to... ribia
«No cebe con la agua tibia»
Y me la entendió el mulato.

3295 Era el todo en el Juzgao,
Y como que se achocó
Ahi no más me contestó–
«Cuanto el caso se presiente
«Te he de hacer tomar caliente
3300 Y has de saber quién soy yo.»

Por causa de una mujer
Se enredó más la cuestión
Le tenia el ñato afición,
Ella era mujer de ley,
3305 Moza con cuerpo de güey
Muy blanda de corazón.

La hallé una vez de amasijo,[142]
Estaba hecha un embeleso:
Y le dije... «Me intereso
3310 «En aliviar sus quehaceres,
«Y ansí, señora, si quiere
Yo le arrimaré los güesos.»
Estaba el ñato presente

142. Acción de amasar la harina para el pan.

Sentado como de adorno–
3315 Por evitar un trastorno
Ella al ver que se dijusta,
Me contestó... «si usté gusta
«Arrímelos junto al horno.»

Ahi se enredó la madeja
3320 Y su enemistá conmigo;
Se declaró mi enemigo,
Y por aquel cumplimiento
Ya sólo buscó el momento
De hacerme dar un castigo.

3325 Yo veia que aquel maldito
Me miraba con rencor–
Buscando el caso mejor
De poderme echar el pial;
Y no vive más el lial[143]
3330 Que lo que quiere el traidor.

No hay matrero que no caiga,
Ni arisco que no se amanse–
Ansí, yo, dende aquel lance
No salia de algún rincón–
3335 Tirao como el San Ramón[144]
Después que se pasa el trance.

24

Me le escapé con trabajo
En diversas ocasiones;
Era de los adulones,

143. Leal.
144. Santo que vela por las parturientas.

3340 Me puso mal con el Juez;
Hasta que al fin, una vez
Me agarró en las eleciones.

Ricuerdo que esa ocasión
Andaban listas diversas;
3345 Las opiniones dispersas
No se podian arreglar—
Decian que el Juez por triunfar
Hacia cosas muy perversas.

Cuando se riunió la gente
3350 Vino a ploclamarla el ñato;
Diciendo con aparato
«Que todo andaria muy mal
«Si pretendia cada cual
«Votar por un candilato».[145]

3355 Y quiso al punto quitarme
La lista que yo llevé,
Mas yo se la mezquiné
Y ya me gritó.... «Anarquista,
«Has de votar por la lista
3360 «Que ha mandao el Comiqué».[146]

Me dio vergüenza de verme
Tratado de esa manera;
Y como si uno se altera
Ya no es fácil de que ablande,
3365 Le dije… «mande el que mande
«Yo he de votar por quien quiera».

«En las carpetas de juego
«Y en la mesa electoral,

145. Candidato.
146. Comité.

«A todo hombre soy igual,
3370 «Respeto al que me respeta;
«Pero el naipe y la boleta
«Naides me lo ha de tocar».

Ahi no más ya me cayó
A sable la policía,
3375 Aunque era una picardía
Me decidí a soportar—
Y no los quise peliar
Por no perderme ese día.

Atravesao me agarró
3380 Y se aprovechó aquel ñato;
Dende que sufrí ese trato
No dentro donde no quepo;—
Fi a jinetiar en el cepo[147]
Por cuestión de candilatos.

3385 Injusticia tan notoria
No la soporté de flojo—
Una venda de mis ojos
Vino el suceso a voltiar—
Vi que teniamos que andar
3390 Como perro con tramojo—[148]

Dende aquellas eleciones
Se siguió el batiburrillo;
Aquél se volvió un ovillo
Del que no habia ni noticia;
3395 ¡Es Señora la justicia...
Y anda en ancas del más pillo!

147. Instrumento de tortura.
148. Palo para corregir a los animales mañeros.

25

Después de muy pocos días,
Tal vez por no dar espera
Y que alguno no se fuera–
3400 Hicieron citar la gente,
Pa riunir un contingente
Y mandar a la frontera.

Se puso arisco el gauchaje,
La gente está acobardada,
3405 Salió la partida armada,
Y trujo como perdices
Unos cuantos infelices
Que entraron en la voltiada.

Decia el ñato con soberbia
3410 «Ésta es una gente indina;
«Yo los rodié a la sordina
«No pudieron escapar;
«Y llevaba orden de arriar
«Todito lo que camina.»

3415 Cuando vino el Comendante
Dijieron: «Dios nos asista»–
Llegó, les clavó la vista,
Yo estaba haciéndome el zonzo–
Le echó a cada uno un responso
3420 Y ya lo plantó en la lista.

«Cuadrate, le dijo a un negro,
Te estás haciendo el chiquito–
Cuando sos el más maldito
Que se encuentra en todo el pago,
3425 Un servicio es el que te hago
Y por eso te remito.–»

A OTRO

«Vos no cuidás tu familia
Ni le das los menesteres;
Visitás otras mujeres
3430 Y es preciso calavera,
Que aprendás en la frontera
A cumplir con tus deberes.

A OTRO

Vos también sos trabajoso;
Cuando es preciso votar
3435 Hay que mandarte llamar
Y siempre andás medio alzao;
Sos un desubordinao
Y yo te voy a filiar.[149]

A OTRO

¿Cuánto tiempo hace que vos
3440 Andás en este partido?
¿Cuántas veces has venido
A la citación del Juez?
No te he visto ni una vez
Has de ser algún perdido.

A OTRO

3445 Éste es otro barullero
Que pasa en la pulpería
Predicando noche y día
Y anarquizando a la gente,
Irás en el contingente
3450 Por tamaña picardía.

149. Vigilar.

A otro

Dende la anterior remesa
Vos andás medio perdido;
La autoridá no ha podido
Jamás hacerte votar,–
3455   Cuando te mandan llamar
Te pasás a otro partido.

A otro

Vos siempre andás de florcita,[150]
No tenés renta ni oficio;
No has hecho ningún servicio,
3460   No has votado ni una vez–
Marchá…. para que dejés
De andar haciendo perjuicio.

A otro

Dame vos tu papeleta[151]
Yo te la voy a tener–
3465   Ésta queda en mi poder
Después la recogerás–
Y ansí si te resertás
Todos te pueden prender.

A otro

Vos porque sos ecetuao[152]
3470   Ya te querés sulevar;
No vinistes a votar

---

150. *Andar de florcita*: haraganear.
151. Boleta de inscripción en la Guardia Nacional.
152. Exceptuado.

Cuando hubieron eleciones–
No te valdrán ececiones,
Yo te voy a enderezar.»

3475   Y a éste por este motivo
Y a otro por otra razón,
Toditos, en conclusión,
Sin que escapara ninguno,
Fueron pasando uno a uno
3480   A juntarse en un rincón.

Y allí las pobres hermanas,
Las madres y las esposas
Redamaban cariñosas
Sus lágrimas de dolor;
3485   Pero gemidos de amor–
No remedian estas cosas.

Nada importa que una madre
Se desespere o se queje–
Que un hombre a su mujer deje
3490   En el mayor desamparo;
Hay que callarse, o es claro,
Que lo quiebran por el eje.[153]

Dentran después a empeñarse
Con este o aquel vecino;
3495   Y como en el masculino
El que menos corre, vuela–
Deben andar con cautela
Las pobres me lo imagino.

Muchas al Juez acudieron,
3500   Por salvar de la jugada;

153. Arruinar, aplastar.

Él les hizo una cuerpiada,[154]
Y por mostrar su inocencia,
Les dijo: «Tengan pacencia
«Pues yo no puedo hacer nada.»

3505 Ante aquella autoridá
Permanecian suplicantes–
Y después de hablar bastante
«Yo me lavo, dijo el Juez,
«Como Pilatos los pies:
3510 «Esto lo hace el Comendante.»

De ver tanto desamparo
El corazón se partía–
Habia madre que salía
Con dos, tres hijos o más–
3515 Por delante y por detrás–
Y las maletas vacías.

Dónde irán, pensaba yo,
A perecer de miseria;
Las pobres si de esta feria
3520 Hablan mal, tienen razón;
Pues hay bastante materia
Para tan justa aflición.

26

Cuando me llegó mi turno
Dije entre mí «ya me toca»–
3525 Y aunque mi falta era poca
No sé por qué me asustaba,–

154. Esquivar el asunto.

Les asiguro que estaba
Con el Jesús en la boca.—[155]

Me dijo que yo era un vago
3530   Un jugador, un perdido,
Que dende que fí al partido
Andaba de picaflor—
Que habia de ser un bandido
Como mi antesucesor.

3535   Puede que uno tenga un vicio,
Y que de él no se reforme,—
Mas naides está conforme
Con recibir ese trato:
Yo conocí que era el ñato
3540   Quien le habia dao los informes.

Me dentró curiosidá
Al ver que de esa manera
Tan siguro me dijiera
Que fue mi padre un bandido;
3545   Luego lo habia conocido,
Y yo inoraba quién era.

Me empeñé en aviriguarlo,
Promesas hice a Jesús—
Tuve por fin una luz,
3550   Y supe con alegría
Que era el autor de mis días,—
El guapo sargento Cruz.

Yo conocia bien su historia
Y la tenia muy presente—

---

155. *Estar con el Jesús en la boca*: estar inquieto, nervioso, temeroso.

3555 Sabia que Cruz bravamente
Yendo con una partida,
Habia jugado la vida
Por defender a un valiente.

Y hoy ruego a mi Dios piadoso
3560 Que lo mantenga en su gloria;
Se ha de conservar su historia
En el corazón del hijo:
Él al morir me bendijo
Yo bendigo su memoria.–

3565 Yo juré tener enmienda
Y lo conseguí de veras;
Puedo decir ande quiera
Que si faltas he tenido
De todas me he corregido
3570 Dende que supe quién era.

El que sabe ser buen hijo
A los suyos se parece;–
Y aquel que a su lado crece
Y a su padre no hace honor
3575 Como castigo merece
De la desdicha el rigor.

Con un empeño costante
Mis faltas supe enmendar–
Todo conseguí olvidar,
3580 Pero por desgracia mía,
El nombre de *Picardía*
No me lo pude quitar.

Aquel que tiene buen nombre
Muchos dijustos se ahorra–

3585 Y entre tanta mazamorra
No olviden esta alvertencia:
Aprendí por esperencia
Que el mal nombre no se borra.

27

—He servido en la frontera
3590 En un cuerpo de milicias;
No por razón de justicia
Como sirve cualesquiera—
—La bolilla me tocó
De ir a pasar malos ratos;
3595 Por la facultá del ñato
Que tanto me persiguió.
—Y sufrí en aquel infierno
Esa dura penitencia,
Por una malaquerencia
3600 De un oficial subalterno—
—No repetiré las quejas
De lo que se sufre allá,
Son cosas muy dichas ya
Y hasta olvidadas de viejas.
3605 —Siempre el mesmo trabajar
Siempre el mesmo sacrificio
Es siempre el mesmo servicio,
Y el mesmo nunca pagar.
—Siempre cubiertos de harapos
3610 Siempre desnudos y pobres,
Nunca le pagan un cobre
Ni le dan jamás un trapo.
—Sin sueldo y sin uniforme
Lo pasa uno aunque sucumba,

3615 Conformesé con la tumba—[156]
Y si no... no se conforme.
—Pues si usté se ensoberbece
O no anda muy voluntario,
Le aplican un novenario[157]
3620 De estacas... que lo enloquecen.
—Andan como pordioseros
Sin que un peso los alumbre—
Porque han tomao la costumbre
De deberle años enteros.
3625 —Siempre hablan de lo que cuesta,
Que allá se gasta un platal—
Pues yo no he visto ni un rial
En lo que duró la fiesta.
—Es servicio estrordinario
3630 Bajo el fusil y la vara—
Sin que sepamos qué cara
Le ha dao Dios al comisario.
—Pues si va a hacer la revista
Se vuelve como una bala,
3635 Es lo mesmo que luz mala
Para perderse de vista—
—Y de yapa cuando va,
Todo parece estudiao—
Va con meses atrasaos
3640 De gente que ya no está—
—Pues ni adrede que lo hagan
Podrán hacerlo mejor,
Cuando cai, cai con la paga
Del contingente anterior—
3645 —Porque son como sentencia[158]

---

156. *Tumba*: en este caso, ración que se les daba a los soldados en la frontera y que consistía en un trozo de carne de vaca o de yegua.
157. Nueve días de tormentos.
158. *Como sentencia*: cosa segura.

Para buscar al ausente,
Y el pobre que está presente
Que perezca en la endigencia.
—Hasta que tanto aguantar
3650 El rigor con que lo tratan,
O se resierta, o lo matan,
O lo largan sin pagar.
—De ese modo es el pastel
Porque el gaucho... ya es un hecho
3655 No tiene ningún derecho
Ni naides vuelve por él.
—La gente vive marchita!
Si viera cuando echan tropa,
Les vuela a todos la ropa
3660 Que parecen banderitas.
—De todos modos lo cargan
Y al cabo de tanto andar—
Cuando lo largan, lo largan
Como pa echarse a la mar.
3665 —Si alguna prenda le han dao
Se la vuelven a quitar,
Poncho, caballo, recao,
Todo tiene que dejar.

—Y esos pobres infelices
3670 Al volver a su destino—
Salen como unos Longinos
Sin tener con qué cubrirse.
—A mí me daba congojas
El mirarlos de ese modo—
3675 Pues el más aviao de todos
Es un perejil sin hojas.
—Áhora poco ha sucedido,
Con un invierno tan crudo,
Largarlos a pie y desnudos
3680 Pa volver a su partido.

—Y tan duro es lo que pasa
Que en aquella situación,
Les niegan un mancarrón
Para volver a su casa.
3685 —¡Lo tratan como a un infiel!!
Completan su sacrificio
No dandolé ni un papel
Que acredite su servicio.

—Y tiene que regresar
3690 Más pobre de lo que jue—
Por supuesto a la mercé
Del que lo quiere agarrar.
—Y no avirigüe después
De los bienes que dejó—
3695 De hambre, su mujer vendió
Por dos— lo que vale diez—
—Y como están convenidos
A jugarle manganeta[159]
A reclamar no se meta
3700 Porque ése es tiempo perdido.
—Y luego, si a alguna Estancia
A pedir carne se arrima—
Al punto le cain encima
Con la ley de la vagancia.
3705 —Y ya es tiempo, pienso yo,
De no dar más contingente—
Si el Gobierno quiere gente,
Que la pague y se acabó.—
—Y saco ansí en conclusión
3710 En medio de mi inorancia,
Que aquí el nacer en Estancia
Es como una maldición.
—Y digo, aunque no me cuadre

159. Engañar.

Decir lo que naides dijo:
3715 La Provincia es una madre
Que no defiende a sus hijos.
—Mueren en alguna loma
En defensa de la ley,
O andan lo mesmo que el güey,
3720 Arando pa que otros coman.
—Y he de decir ansí mismo,
Porque de adentro me brota,
Que no tiene patriotismo
Quien no cuida al compatriota.

28

3725 —Se me va por donde quiera
Esta lengua del demonio—
Voy a darles testimonio
De lo que vi en la frontera.
—Yo sé que el único modo
3730 A fin de pasarlo bien,
Es decir a todo amén
Y jugarle risa a todo.—

—El que no tiene colchón
En cualquier parte se tiende—
3735 El gato busca el jogón
Y ése es mozo que lo entiende.
—De aquí comprenderse debe
Aunque yo hable de este modo;
Que uno busca su acomodo
3740 Siempre, lo mejor que puede.

—Lo pasaba como todos
Este pobre penitente,

Pero salí de asistente
Y mejoré en cierto modo.

3745 —Pues aunque esas privaciones
Causen desesperación,
Siempre es mejor el jogón
De aquel que carga galones.

—De entonces en adelante
3750 Algo logré mejorar,
Pues supe hacerme lugar
Al lado del Ayudante.

—Él se daba muchos aires,
Pasaba siempre leyendo,
3755 Decian que estaba aprendiendo
Pa recebirse de flaire.—

—Aunque lo pifiaban[160] tanto
Jamás lo vi dijustao;
Tenia los ojos paraos
3760 Como los ojos de un Santo.

—Muy delicao— dormia en cuja—[161]
Y no sé por qué sería—
La gente lo aborrecía
Y le llamaban LA BRUJA.

3765 —Jamás hizo otro servicio
Ni tuvo más comisiones
Que recebir las raciones
De víveres y de vicios.

—Yo me pasé a su jogón
3770 Al punto que me sacó,
Y ya con él me llevó
A cumplir su comisión.

—Estos diablos de milicos
De todo sacan partido—
3775 Cuando nos vían riunidos

160. Burlarse.
161. Cama de madera.

Se limpiaban los hocicos.[162]
—Y decian en los jogones
Como por chocarrería,—[163]
«Con la Bruja y Picardía,
3780 «Van a andar bien las raciones.»
—A mí no me jue tan mal
Pues mi oficial se arreglaba;
Les diré lo que pasaba
Sobre este particular.—
3785 —Decian que estaban de acuerdo
La Bruja y el provedor,
Y que recebia lo pior—....
Puede ser— pues no era lerdo.
—Que a más en la cantidá
3790 Pegaba otro dentellón,
Y que por cada ración
Le entregaban la mitá.
—Y que esto, lo hacia del modo
Como lo hace un hombre vivo:
3795 Firmando luego el recibo
Ya se sabe, por el todo.
—Pero esas murmuraciones
No faltan en campamento:
Déjenme seguir mi cuento,
3800 O historia de las raciones.—
—La Bruja las recebía
Como se ha dicho, a su modo—
Las cargábamos, y todo
Se entriega en la mayoría.
3805 —Sacan allí en abundancia
Lo que les toca sacar—
Y es justo que han de dejar
Otro tanto de ganancia.

---

162. *Limpiar el hocico*: hablar mal de otro, chismorrear.
163. Burla.

—Van luego a la compañía,
3810 Las recibe el comendante;
El que de un modo abundante
Sacaba cuanto quería.
—Ansí la cosa liviana,
Va mermada por supuesto—
3815 Luego se le entrega el resto
Al oficial de semana.—

—Araña, quién te arañó?
Otra araña como yo—.
—Éste le pasa al sargento
3820 Aquello tan reducido—
Y como hombre prevenido
Saca siempre con aumento.
—Esta relación no acabo
Si otra menudencia ensarto;
3825 El sargento llama al cabo
Para encargarle el reparto.
—Él también saca primero
Y no se sabe turbar—
Naides le va a aviriguar
3830 Si ha sacado más o menos.
—Y sufren tanto bocao
Y hacen tantas estaciones,
Que ya casi no hay raciones
Cuando llegan al soldao.
3835 —Todo es como pan bendito!
Y sucede de ordinario,
Tener que juntarse varios
Para hacer un pucherito.
—Dicen que las cosas van
3840 Con arreglo a la ordenanza—
Puede ser! pero no alcanzan,
Tan poquito es lo que dan!—
—Algunas veces, yo pienso,

Y es muy justo que lo diga,
3845 Sólo llegaban las migas
Que habian quedao en los lienzos.

—Y esplican aquel infierno
En que uno está medio loco,
Diciendo, que dan tan poco
3850 Porque no paga el Gobierno.

—Pero eso yo no lo entiendo,
Ni a aviriguarlo me meto;
Soy inorante completo
Nada olvido, y nada apriendo.

3855 —Tiene uno que soportar
El tratamiento más vil:—
A palos en lo civil,
A sable en lo militar.

—El vistuario— es otro infierno;
3860 Si lo dan, llega a sus manos,
En invierno el de verano—
Y en el verano el de invierno.

—Y yo el motivo no encuentro,
Ni la razón que esto tiene,
3865 Mas dicen que eso ya viene
Arreglado dende adentro.—

—Y es necesario aguantar
El rigor de su destino;
El gaucho no es argentino
3870 Sinó pa hacerlo matar.

—Ansí ha de ser, no lo dudo—
Y por eso decia un tonto:
«Si los han de matar pronto,
Mejor es que estén desnudos.»

3875 —Pues esa miseria vieja
No se remedia jamás;
Todo el que viene detrás
Como la encuentra la deja.—

—Y se hallan hombres tan malos
3880 Que dicen de buena gana—
El gaucho es como la lana
Se limpia y compone a palos.
—Y es forzoso el soportar
Aunque la copa se enllene;
3885 Parece que el gaucho tiene
Algun pecao que pagar.

29

Esto contó Picardía
Y después guardó silencio,
Mientras todos celebraban
3890 Con placer aquel encuentro.
Mas una casualidá,
Como que nunca anda lejos,
Entre tanta gente blanca
Llevó también a un moreno,
3895 Presumido de cantor
Y que se tenia por bueno—
Y como quien no hace nada,
O se descuida de intento,
Pues siempre es muy conocido
3900 Todo aquel que busca pleito—
Se sentó con toda calma
Echó mano al estrumento
Y ya le pegó un rajido—
Era fantástico el negro,
3905 Y para no dejar dudas
Medio se compuso el pecho.[164]
Todo el mundo conoció

164. Tos provocada deliberadamente, en señal de desafío.

La intención de aquel moreno–
Era claro el desafío
3910 Dirigido a Martín Fierro,
Hecho con toda arrogancia,
De un modo muy altanero.
Tomó Fierro la guitarra,
Pues siempre se halla dispuesto–
3915 Y ansí cantaron los dos
En medio de un gran silencio–

30

Martín Fierro

Mientras suene el encordao[165]
Mientras encuentre el compás,
Yo no he de quedarme atrás
3920 Sin defender la parada–[166]
Y he jurado que jamás
Me la han de llevar robada.

Atiendan pues los oyentes
Y cayensén los mirones–[167]
3925 A todos pido perdones
Pues a la vista resalta,
Que no está libre de falta
Quien no está de tentaciones.

A un cantor le llaman bueno,
3930 Cuando es mejor que los piores–
Y sin ser de los mejores,

165. Encordado de la guitarra.
166. Defenderse de un ataque.
167. Espectadores.

Encontrándose dos juntos
Es deber de los cantores
El cantar de contrapunto.[168]

3935 El hombre debe mostrarse
Cuando la ocasión le llegue–
Hace mal el que se niegue
Dende que lo sabe hacer–
Y muchos suelen tener
3940 Vanagloria en que los rueguen.

Cuando mozo fuí cantor–
Es una cosa muy dicha–
Mas la suerte se encapricha
Y me persigue costante–
3945 De ese tiempo en adelante
Canté mis propias desdichas.

Y aquellos años dichosos
Trataré de recordar–
Veré si puedo olvidar
3950 Tan desgraciada mudanza–
Y quien se tenga confianza
Tiemple y vamos a cantar.

Tiemple y cantaremos juntos,
Trasnochadas no acobardan–
3955 Los concurrentes aguardan,
Y porque el tiempo no pierdan,
Haremos gemir las cuerdas
Hasta que las velas no ardan.

Y el cantor que se presiente,
3960 Que tenga o no quien lo ampare,

168. Competencia entre payadores.

No espere que yo dispare
Aunque su saber seá mucho—
Vamos en el mesmo pucho[169]
A prenderle hasta que aclare.

3965 Y seguiremos si gusta
Hasta que se vaya el día—
Era la costumbre mía
Cantar las noches enteras—
Habia entonces, dondequiera,
3970 Cantores de fantasía.

Y si alguno no se atreve
A seguir la caravana,
O si cantando no gana
Se lo digo sin lisonja—
3975 Haga sonar una esponja
O ponga cuerdas de lana.

EL MORENO

Yo no soy señores míos
Sinó un pobre guitarrero—
Pero doy gracias al cielo
3980 Porque puedo en la ocasión,
Toparme con un cantor
Que esperimente a este negro.

Yo también tengo algo blanco,
Pues tengo blancos los dientes—
3985 Sé vivir entre las gentes
Sin que me tengan en menos—
Quien anda en pagos ajenos
Debe ser manso y prudente.

169. Sin perder tiempo.

Mi madre tuvo diez hijos,
3990   Los nueve muy regulares–
Tal vez por eso me ampare
La Providencia divina–
En los güevos de gallina
El décimo es el más grande.

3995   El negro es muy amoroso,
Aunque de esto no hace gala,
Nada a su cariño iguala
Ni a su tierna voluntá–
Es lo mesmo que el macá[170]
4000   Cria los hijos bajo el ala.

Pero yo he vivido libre
Y sin depender de naides–
Siempre he cruzado a los aires
Como el pájaro sin nido–
4005   Cuanto sé lo he aprendido
Porque me lo enseñó un flaire.

Y sé como cualquier otro
El por qué retumba el trueno
Por qué son las estaciones
4010   Del verano y del invierno–
Sé también de dónde salen
Las aguas que cain del Cielo.

Yo sé lo que hay en la tierra
En llegando al mesmo centro–
4015   En dónde se encuentra el oro,
En dónde se encuentra el fierro–
Y en dónde viven bramando
Los volcanes que echan juego.

---

170. Tipo de ave de poco vuelo, pero experta en zambullirse.

Yo sé del fondo del mar
4020 Dónde los pejes nacieron–
Yo sé por qué crece el árbol,
Y por qué silban los vientos–
Cosas que inoran los blancos
Las sabe este pobre negro.

4025 Yo tiro cuando me tiran,
Cuando me aflojan, aflojo;
No se ha de morir de antojo
Quien me convide a cantar–
Para conocer a un cojo
4030 Lo mejor es verlo andar.

Y si una falta cometo
En venir a esta riunión–
Echándolá de cantor
Pido perdón en voz alta–
4035 Pues nunca se halla una falta
Que no esista otra mayor.

De lo que un cantor esplica
No falta qué aprovechar–
Y se le debe escuchar
4040 Aunque seá negro el que cante–
Apriende el que es inorante,
Y el que es sabio, apriende más.

Bajo la frente más negra
Hay pensamiento y hay vida–
4045 La gente escuche tranquila
No me haga ningún reproche–
También es negra la noche
Y tiene estrellas que brillan.

Estoy pues a su mandao,
4050 Empiece a echarme la sonda

Si gusta que le responda,
Aunque con lenguaje tosco—
En leturas no conozco
La jota por ser redonda.

MARTÍN FIERRO

4055 Ah! negro, si sos tan sabio
No tengás ningún recelo;
Pero has tragao el anzuelo
Y al compás del estrumento—
Has de decirme al momento
4060 Cuál es el canto del cielo.

EL MORENO

Cuentan que de mi color
Dios hizo al hombre primero—
Mas los blancos altaneros,
Los mesmos que lo convidan,
4065 Hasta de nombrarlo olvidan
Y sólo le llaman negro.

Pinta el blanco negro al diablo,
Y el negro, blanco lo pinta—
Blanca la cara o retinta
4070 No habla en contra ni en favor—
De los hombres el Criador
No hizo dos clases distintas.

Y después de esta alvertencia
Que al presente viene al pelo—
4075 Veré, señores, si puedo,
Sigún mi escaso saber,
Con claridá responder
Cuál es el canto del cielo.

Los cielos lloran y cantan
4080 Hasta en el mayor silencio—
Lloran al cair el rocío,
Cantan al silbar los vientos—
Lloran cuando cain las aguas
Cantan cuando brama el trueno.

MARTÍN FIERRO

4085 Dios hizo al blanco y al negro
Sin declarar los mejores—
Les mandó iguales dolores
Bajo de una mesma cruz;
Mas también hizo la luz
4090 Pa distinguir los colores.

Ansí ninguno se agravie,
No se trata de ofender—
A todo se ha de poner
El nombre con que se llama—
4095 Y a naides le quita fama
Lo que recibió al nacer.

Y ansí me gusta un cantor
Que no se turba ni yerra—
Y si en tu saber se encierra
4100 El de los sabios projundos—
Decime cuál en el mundo
Es el canto de la tierra.

EL MORENO

Es pobre mi pensamiento,
Es escasa mi razón—
4105 Mas pa dar contestación
Mi inorancia no me arredra—
También da chispas la piedra
Si la gólpea el eslabón.

Y le daré una respuesta
4110 Sigún mis pocos alcances—
Forman un canto en la tierra
El dolor de tanta madre,
El gemir de los que mueren
Y el llorar de los que nacen.

MARTÍN FIERRO

4115 Moreno, alvierto que trais
Bien dispuesta la garganta
Sos varón, y no me espanta
Verte hacer esos primores—
En los pájaros cantores
4120 Sólo el macho es el que canta.

Y ya que al mundo vinistes
Con el sino de cantar,
No te vayas a turbar
No te agrandés ni te achiques—
4125 Es preciso que me espliques
Cuál es el canto del mar.

EL MORENO

A los pájaros cantores
Ninguno imitar pretiende—
De un don que de otro depende
4130 Naides se debe alabar—
Pues la urraca apriende a hablar
Pero sólo la hembra apriende.

Y ayúdame ingenio mío
Para ganar esta apuesta—
4135 Mucho el contestar me cuesta
Pero debo contestar—

Voy a decirle en respuesta
Cuál es el canto del mar.

Cuando la tormenta brama,
4140 El mar que todo lo encierra
Canta de un modo que aterra
Como si el mundo temblara—
Parece que se quejara
De que lo estreche la tierra.

Martín Fierro

4145 Toda tu sabiduría
Has de mostrar esta vez—
Ganarás sólo que estés
En vaca[171] con algún santo—
La noche tiene su canto
4150 Y me has de decir cuál es.

El Moreno

No galope que hay aujeros,[172]
Le dijo a un guapo un prudente—
Le contesto humildemente,
La noche por cantos tiene
4155 Esos ruidos que uno siente
Sin saber de dónde vienen.

Son los secretos misterios
Que las tinieblas esconden—
Son los ecos que responden
4160 A la voz del que da un grito,

171. Estar en componendas, en confabulación.
172. Alusión a las vizcacheras, que pueden hacer caer a los caballos lanzados a galopar.

Como un lamento infinito
Que viene no sé de dónde.

A las sombras sólo el Sol
Las penetra y las impone—
4165 En distintas direciones
Se oyen rumores inciertos—
Son almas de los que han muerto
Que nos piden oraciones.

MARTÍN FIERRO

Moreno por tus respuestas
4170 Ya te aplico el cartabón—[173]
Pues tenés desposición
Y sos estruido de yapa—
Ni las sombras se te escapan
Para dar esplicación.

4175 Pero cumple su deber
El leal diciendo lo cierto—
Y por lo tanto te alvierto
Que hemos de cantar los dos—
Dejando en la paz de Dios
4180 Las almas de los que han muerto.

Y el consejo del prudente
No hace falta en la partida—
Siempre ha de ser comedida
La palabra de un cantor—
4185 Y aura quiero que me digas
De dónde nace el amor.

173. Reconocer la solvencia de una persona en determinados temas.

El Moreno

A pregunta tan escura
Trataré de responder–
Aunque es mucho pretenter
4190 De un pobre negro de Estancia–
Mas conocer su inorancia
Es principio del saber.

Ama el pájaro en los aires
Que cruza por donde quiera–
4195 Y si al fin de su carrera
Se asienta en alguna rama,
Con su alegre canto llama
A su amante compañera.

La fiera ama en su guarida,
4200 De la que es rey y señor–
Allí lanza con furor
Esos bramidos que espantan–
Porque las fieras no cantan
Las fieras braman de amor.

4205 Ama en el fondo del mar
El pez de lindo color–
Ama el hombre con ardor,
Ama todo cuanto vive–
De Dios vida se recibe
4210 Y donde hay vida, hay amor.

Martín Fierro

Me gusta negro ladino
Lo que acabás de esplicar–
Ya te empiezo a respetar
Aunque al principio me rei–

4215 Y te quiero preguntar
     Lo que entendés por la ley–

El Moreno

     Hay muchas dotorerías
     Que yo no puedo alcanzar–
     Dende que aprendí a inorar
4220 De ningún saber me asombro–
     Mas no ha de llevarme al hombro
     Quien me convide a cantar–

     Yo no soy cantor ladino
     Y mi habilidá es muy poca–
4225 Mas cuando cantar me toca
     Me defiendo en el combate–
     Porque soy como los mates:
     Sirvo si me abren la boca.

     Dende que elige a su gusto
4230 Lo más espinoso elige–
     Pero esto poco me aflige
     Y le contesto a mi modo–
     La ley se hace para todos,
     Mas sólo al pobre le rige.

4235 La ley es tela de araña–
     En mi inorancia lo esplico,
     No la tema el hombre rico–
     Nunca la tema el que mande–
     Pues la ruempe el bicho grande
4240 Y sólo enrieda a los chicos.

     Es la ley como la lluvia
     Nunca puede ser pareja–
     El que la aguanta se queja,
     Pero el asunto es sencillo–

4245 La ley es como el cuchillo
　　　No ofiende a quien lo maneja.

　　　Le suelen llamar espada
　　　Y el nombre le viene bien–
　　　Los que la gobiernan ven
4250 A dónde han de dar el tajo–
　　　Le cai al que se halla abajo
　　　Y corta sin ver a quién.

　　　Hay muchos que son dotores
　　　Y de su cencia no dudo–
4255 Mas yo soy un negro rudo
　　　Y aunque de esto poco entiendo,
　　　Estoy diariamente viendo
　　　Que aplican la del embudo.

MARTÍN FIERRO

　　　Moreno vuelvo a decirte,
4260 Ya conozco tu medida–
　　　Has aprovechao la vida
　　　Y me alegro de este encuentro–
　　　Ya veo que tenés adentro
　　　Capital pa esta partida.

4265 Y aura te voy a decir
　　　Porque en mi deber está–
　　　Y hace honor a la verdá
　　　Quien a la verdá se duebla,
　　　Que sos por juera tinieblas
4270 Y por dentro claridá.

　　　No ha de decirse jamás
　　　Que abusé de tu pacencia–
　　　Y en justa correspondencia
　　　Si algo querés preguntar–

4275 Podés al punto empezar
Pues ya tenés mi licencia.

EL MORENO

No te trabés lengua mía,
No te vayas a turbar–
Nadie acierta antes de errar–
4280 Y aunque la fama se juega–
El que por gusto navega
No debe temerle al mar.

Voy a hacerle mis preguntas
Ya que a tanto me convida–
4285 Y vencerá en la partida
Si una esplicación me da,–
Sobre el tiempo y la medida,
El peso y la cantidá–

Suya será la vitoria
4290 Si es que sabe contestar–
Se lo debo declarar
Con claridá, no se asombre,
Pues hasta aura ningún hombre
Me lo ha sabido esplicar–

4295 Quiero saber y lo inoro,
Pues en mis libros no está,
Y su respuesta vendrá
A servirme de gobierno–
Para qué fin el Eterno
4300 Ha criado la cantidá.

MARTÍN FIERRO

Moreno te dejás cair
Como carancho en su nido;

Ya veo que sos prevenido
Mas también estoy dispuesto–
4305 Veremos si te contesto
Y si te das por vencido.

Uno es el sol– uno el mundo,
Sola y única es la luna–
Ansí han de saber que Dios
4310 No crio cantidá ninguna.
El ser de todos los seres
Sólo formó la unidá–
Lo demás lo ha criado el hombre
Después que aprendió a contar.

El Moreno

4315 Veremos si a otra pregunta
Da una respuesta cumplida–
El ser que ha criado la vida
Lo ha de tener en su archivo–
Mas yo inoro qué motivo
4320 Tuvo al formar la medida–

Martín Fierro

Escuchá con atención
Lo que en mi inorancia arguyo:
La medida la inventó
El hombre, para bien suyo–
4325 Y la razón no te asombre,
Pues es fácil presumir–
Dios no tenia que medir
Sinó la vida del hombre.

El Moreno

Si no falla su saber
4330 Por vencedor lo confieso–

Debe aprender todo eso
Quien a cantar se dedique–
Y aura quiero que me esplique
Lo que sinifica el peso.

MARTÍN FIERRO

4335 Dios guarda entre sus secretos
El secreto que eso encierra,
Y mandó que todo peso
Cayera siempre a la tierra–
Y sigún compriendo yo,
4340 Dende que hay bienes y males,
Fue el peso para pesar
Las culpas de los mortales.

EL MORENO

Si responde a esta pregunta
Tengasé por vencedor–
4345 Doy la derecha al mejor–
Y respóndame al momento,–
Cuándo formó Dios el tiempo
Y por qué lo dividió–

MARTÍN FIERRO

Moreno, voy a decir,
4350 Sigún mi saber alcanza–
El tiempo sólo es tardanza
De lo que está por venir.–
No tuvo nunca principio
Ni jamás acabará–
4355 Porque el tiempo es una rueda,
Y rueda es eternidá,–
Y si el hombre lo divide
Sólo lo hace en mi sentir–

Por saber lo que ha vivido
4360 O le resta que vivir.

Ya te he dado mis respuestas,
Mas no gana quien despunta,
Si tenés otra pregunta
O de algo te has olvidao
4365 Siempre estoy a tu mandao[174]
Para sacarte de dudas.

No procedo por soberbia
Ni tampoco por jatancia,
Mas no ha de faltar costancia
4370 Cuando es preciso luchar–
Y te convido a cantar
Sobre cosas de la Estancia–

Ansí prepará moreno
Cuanto tu saber encierre–
4375 Y sin que tu lengua yerre,
Me has de decir lo que empriende
El que del tiempo depende,
En los meses que train erre.

El Moreno

De la inorancia de naides
4380 Ninguno debe abusar–
Y aunque me puede doblar
Todo el que tenga más arte,
No voy a ninguna parte
A dejarme machetiar–[175]

174. *Estoy a tu mandado,* a tus órdenes.
175. Dejarse maltratar.

4385   He reclarao[176] que en leturas
       Soy redondo como jota—
       No avergüence mi redota
       Pues con claridá le digo—
       No me gusta que conmigo
4390 Naides juegue a la pelota—

       Es buena ley que el más lerdo
       Debe perder la carrera—
       Ansí le pasa a cualquiera
       Cuando en competencia se halla,
4395 Un cantor de media talla
       Con otro de talla entera.

       No han visto en medio del campo
       Al hombre que anda perdido—
       Dando güeltas afligido
4400 Sin saber dónde rumbiar—
       Ansí le suele pasar
       A un pobre cantor vencido.

       También los árboles crujen
       Si el ventarrón los azota—
4405 Y si aquí mi queja brota
       Con amargura, consiste—
       En que es muy larga y muy triste
       La noche de la redota.

       Y dende hoy en adelante,
4410 Pongo de testigo al cielo,
       Para decir sin recelo
       Que si mi pecho se inflama,
       No cantaré por la fama
       Sinó por buscar consuelo.

176. Declarado.

4415 Vive ya desesperado
     Quien no tiene qué esperar–
     A lo que no ha de durar
     Ningún cariño se cobre–
     Alegrías en un pobre
4420 Son anuncios de pesar.

     Y este triste desengaño
     Me durará mientras viva–
     Aunque un consuelo reciba
     Jamás he de alzar el vuelo–
4425 Quien no nace para el cielo
     De balde[177] es que mire arriba.

     Y suplico a cuantos me oigan
     Que me permitan decir,
     Que al decidirme a venir
4430 No sólo jue por cantar,
     Sinó porque tengo a más
     Otro deber que cumplir.

     Ya saben que de mi madre
     Fueron diez los que nacieron–
4435 Mas ya no esiste el primero
     Y más querido de todos–
     Murió por injustos modos
     A manos de un pendenciero.

     Los nueve hermanos restantes
4440 Como güérfanos quedamos–
     Dende entonces lo lloramos
     Sin consuelo, creanmeló–
     Y al hombre que lo mató
     Nunca, jamás lo encontramos.

---

177. En balde, inútil.

4445 Y queden en paz los güesos
De aquel hermano querido—
A moverlos no he venido,
Mas si el caso se presienta—
Espero en Dios que esta cuenta
4450 Se arregle como es debido.

Y si otra ocasión payamos
Para que esto se complete,
Por mucho que lo respete
Cantaremos si le gusta—
4455 Sobre las muertes injustas
Que algunos hombres cometen.

Y aquí pues, señores míos
Diré como en despedida,
Que todavia andan con vida
4460 Los hermanos del dijunto—
Que recuerdan este asunto
Y aquella muerte no olvidan.

Y es misterio tan projundo
Lo que está por suceder,
4465 Que no me debo meter
A echarla aquí de adivino;
Lo que decida el destino
Después lo habrán de saber.

MARTÍN FIERRO

Al fin cerrastes el pico
4470 Después de tanto charlar,
Ya empezaba a maliciar
Al verte tan entonao,[178]

178. Envalentonado.

Que traias un embuchao[179]
Y no lo querias largar.

4475 Y ya que nos conocemos,
Basta de conversación;
Para encontrar la ocasión
No tienen que darse priesa—
Ya conozco yo que empieza
4480 Otra clase de junción.

Yo no sé lo que vendrá,
Tampoco soy adivino—
Pero firme en mi camino
Hasta el fin he de seguir—
4485 Todos tienen que cumplir
Con la ley de su destino.

Primero fue la frontera
Por persecución de un juez—
Los indios fueron después,
4490 Y para nuevos estrenos—
Áhora son estos morenos
Pa alivio de mi vejez.

La madre echó diez al mundo,
Lo que cualquiera no hace—
4495 Y tal vez de los diez pase
Con iguales condiciones—
La mulita pare nones,
Todos de la mesma clase.

A hombre de humilde color
4500 Nunca sé facilitar,
Cuando se llega a enojar

179. Entripado, traer algo escondido y no decirlo.

Suele ser de mala entraña–
Se vuelve como la araña,
Siempre dispuesta a picar.

4505 Yo he conocido a toditos
Los negros más peliadores–
Habia algunos superiores
De cuerpo y de vista… ahijuna–
Si vivo, les daré una…
4510 Historia de las mejores.

Mas cada uno ha de tirar
En el yugo en que se vea;
Yo ya no busco peleas,
Las contiendas no me gustan–
4515 Pero ni sombras me asustan
Ni bultos que se menean.

La creia ya desollada[180]
Mas todavia falta el rabo–
Y por lo visto no acabo
4520 De salir de esta jarana–
Pues esto es lo que se llama–
Remachársele a uno el clavo.[181]

31

Y después de estas palabras
Que ya la intención revelan,
4525 Procurando los presentes
Que no se armara pendencia,

180. Dar por terminada una tarea.
181. En sentido figurado, tener que reiniciar una tarea que se daba por termi-
nada.

Se pusieron de por medio
Y la cosa quedó quieta—
Martín Fierro y los muchachos
4530 Evitando la contienda,
Montaron y paso a paso
Como el que miedo no lleva,
A la costa de un arroyo
Llegaron a echar pie a tierra.
4535 Desensillaron los pingos
Y se sentaron en rueda,
Refiriéndose entre sí
Infinitas menudencias;
Porque tiene muchos cuentos
4540 Y muchos hijos la ausencia.
Allí pasaron la noche
A la luz de las estrellas,
Porque ése es un cortinao
Que lo halla uno donde quiera,
4545 Y el gaucho sabe arreglarse
Como ninguno se arregla—
El colchón son las caronas
El lomillo es cabecera
El cojinillo es blandura
4550 Y con el poncho o la jerga
Para salvar del rocío
Se cubre hasta la cabeza—
Tiene su cuchillo al lado,
Pues la precaución es buena;
4555 Freno y rebenque a la mano,
Y teniendo el pingo cerca,
Que pa asigurarlo bien
La argolla del lazo entierra—
Aunque el atar con el lazo
4560 Da del hombre mala idea—
Se duerme ansí muy tranquilo
Todita la noche entera—
Y si es lejos del camino

         Como manda la prudencia,
4565 Más siguro que en su rancho
         Uno ronca a pierna suelta.
         Pues en el suelo no hay chinches,
         Y es una cuja camera[182]
         Que no ocasiona disputas
4570 Y que naides se la niega–
         Además de eso, una noche
         La pasa uno como quiera,
         Y las va pasando todas
         Haciendo la mesma cuenta–
4575 Y luego los pajaritos
         Al aclarar lo dispiertan.
         Porque el sueño no lo agarra
         A quien sin cenar se acuesta.
         Ansí, pues, aquella noche
4580 Jue para ellos una fiesta,
         Pues todo parece alegre
         Cuando el corazón se alegra.
         No pudiendo vivir juntos
         Por su estado de pobreza,
4585 Resolvieron separarse,
         Y que cada cual se juera
         A procurarse un refugio
         Que aliviara su miseria.
         Y antes de desparramarse
4590 Para empezar vida nueva,
         En aquella soledá
         Martín Fierro con prudencia–
         A sus hijos y al de Cruz
         Les habló de esta manera.–

182. Cama camera, de matrimonio.

32

4595   Un padre que da consejos
        Más que Padre es un amigo,
        Ansí como tal les digo
        Que vivan con precaución–
        Naides sabe en qué rincón
4600   Se oculta el que es su enemigo.

        Yo nunca tuve otra escuela
        Que una vida desgraciada–
        No estrañen si en la jugada
        Alguna vez me equivoco–
4605   Pues debe saber muy poco
        Aquel que no aprendió nada.

        Hay hombres que de su cencia
        Tienen la cabeza llena;
        Hay sabios de todas menas,[183]
4610   Mas digo sin ser muy ducho–
        Es mejor que aprender mucho
        El aprender cosas buenas.

        No aprovechan los trabajos
        Si no han de enseñarnos nada–
4615   El hombre, de una mirada
        Todo ha de verlo al momento–
        El primer conocimiento
        Es conocer cuándo enfada.

        Su esperanza no la cifren
4620   Nunca en corazón alguno–
        En el mayor infortunio
        Pongan su confianza en Dios–

183. De todas clases.

De los hombres, sólo en uno,
Con gran precaución en dos—

4625 Las faltas no tienen límites
Como tienen los terrenos—
Se encuentran en los más buenos,
Y es justo que les prevenga;—
Aquel que defetos tenga,
4630 Disimule los ajenos—

Al que es amigo, jamás
Lo dejen en la estacada,[184]
Pero no le pidan nada
Ni lo aguarden todo de él—
4635 Siempre el amigo más fiel
Es una conduta honrada.

Ni el miedo ni la codicia
Es bueno que a uno lo asalten—
Ansí no se sobresalten
4640 Por los bienes que perezcan—
Al rico nunca le ofrezcan
Y al pobre jamás le falten.

Bien lo pasa hasta entre Pampas
El que respeta a la gente—
4645 El hombre ha de ser prudente
Para librarse de enojos—
Cauteloso entre los flojos
Moderado entre valientes.

El trabajar es la ley
4650 Porque es preciso alquirir—
No se espongan a sufrir

184. *Dejar a alguien en la estacada*: abandonarlo a su suerte.

Una triste situación–
Sangra mucho el corazón
Del que tiene que pedir.

4655 Debe trabajar el hombre
Para ganarse su pan;
Pues la miseria en su afán
De perseguir de mil modos–
Llama en la puerta de todos
4660 Y entra en la del haragán.

A ningún hombre amenacen
Porque naides se acobarda–
Poco en conocerlo tarda
Quien amenaza imprudente–
4665 Que hay un peligro presente
Y otro peligro se aguarda.

Para vencer un peligro,
Salvar de cualquier abismo,
Por esperencia lo afirmo,
4670 Más que el sable y que la lanza–
Suele servir la confianza
Que el hombre tiene en sí mismo.

Nace el hombre con la astucia
Que ha de servirle de guía–
4675 Sin ella sucumbiría,
Pero sigún mi esperencia–
Se vuelve en unos prudencia
Y en los otros picardía.

Aprovecha la ocasión
4680 El hombre que es diligente–
Y tenganló bien presente,
Si al compararla no yerro–

La ocasión es como el fierro
Se ha de machacar caliente.

4685 Muchas cosas pierde el hombre
Que a veces las vuelve a hallar–
Pero les debo enseñar,
Y es bueno que lo recuerden–
Si la vergüenza se pierde
4690 Jamás se vuelve a encontrar.

Los hermanos sean unidos,
Porque ésa es la ley primera–
Tengan unión verdadera
En cualquier tiempo que sea–
4695 Porque si entre ellos pelean
Los devoran los de ajuera.

Respeten a los ancianos,
El burlarlos no es hazaña–
Si andan entre gente estraña
4700 Deben ser muy precavidos–
Pues por igual es tenido
Quien con malos se acompaña.

La cigüeña cuando es vieja
Pierde la vista,– y procuran
4705 Cuidarla en su edá madura
Todas sus hijas pequeñas–
Apriendan de las cigüeñas
Este ejemplo de ternura.

Si les hacen una ofensa,
4710 Aunque la echen en olvido
Vivan siempre prevenidos;
Pues ciertamente sucede–
Que hablará muy mal de ustedes

Aquel que los ha ofendido.
4715 El que obedeciendo vive
Nunca tiene suerte blanda—
Mas con su soberbia agranda
El rigor en que padece—
Obedezca el que obedece
4720 Y será bueno el que manda.

Procuren de no perder
Ni el tiempo ni la vergüenza—
Como todo hombre que piensa
Procedan siempre con juicio—
4725 Y sepan que ningún vicio
Acaba donde comienza.

Ave de pico encorvado
Le tiene al robo afición—
Pero el hombre de razón
4730 No roba jamás un cobre—
Pues no es vergüenza ser pobre
Y es vergüenza ser ladrón.

El hombre no mate al hombre
Ni pelee por fantasía—
4735 Tiene en la desgracia mía
Un espejo en que mirarse—
Saber el hombre guardarse
Es la gran sabiduría.

La sangre que se redama
4740 No se olvida hasta la muerte—
La impresión es de tal suerte,
Que a mi pesar, no lo niego—
Cai como gotas de fuego
En la alma del que la vierte.

4745 Es siempre, en toda ocasión,
El trago el pior enemigo–
Con cariño se los digo,
Recuerdenló con cuidado,–
Aquel que ofiende embriagado
4750 Merece doble castigo.

Si se arma algún revolutis[185]
Siempre han de ser los primeros–
No se muestren altaneros
Aunque la razón les sobre–
4755 En la barba de los pobres
Aprienden pa ser barberos.

Si entriegan su corazón
A alguna mujer querida,
No le hagan una partida
4760 Que la ofienda a la mujer–
Siempre los ha de perder
Una mujer ofendida.

Procuren, si son cantores,
El cantar con sentimiento–
4765 No tiemplen el estrumento
Por sólo el gusto de hablar–
Y acostúmbrense a cantar
En cosas de jundamento.

Y les doy estos consejos,
4770 Que me ha costao alquirirlos,
Porque déseo dirigirlos;
Pero no alcanza mi cencia–
Hasta darles la prudencia
Que precisan pa seguirlos.

185. Pelea, riña,

4775 Estas cosas y otras muchas,
Medité en mis soledades—
Sepan que no hay falsedades
Ni error en estos consejos—
Es de la boca de un viejo
4780 De ande salen las verdades.

33

Después a los cuatro vientos
Los cuatro se dirigieron—
Una promesa se hicieron
Que todos debian cumplir—
4785 Mas no la puedo decir,
Pues secreto prometieron.—

Les alvierto solamente,
Y esto a ninguno le asombre,
Pues muchas veces el hombre
4790 Tiene que hacer de ese modo—
Convinieron entre todos
En mudar allí de nombre.

Sin ninguna intención mala
Lo hicieron, no tengo duda,—
4795 Pero es la verdá desnuda,
Siempre suele suceder—
Aquel que su nombre muda
Tiene culpas que esconder.

Y ya dejo el estrumento
4800 Con que he divertido a ustedes—
Todos conocerlo pueden
Que tuve costancia suma—

Éste es un botón de pluma[186]
Que no hay quien lo desenriede.

4805   Con mi deber he cumplido–
      Y ya he salido del paso,
      Pero diré, por si acaso,
      Pa que me entiendan los criollos–
      Todavia me quedan rollos
4810   Por si se ofrece dar lazo.

      Y con esto me despido
      Sin espresar hasta cuándo–
      Siempre corta por lo blando
      El que busca lo siguro–
4815   Mas yo corto por lo duro,
      Y ansí he de seguir cortando.

      Vive el águila en su nido,
      El tigre vive en la selva,
      El zorro en la cueva ajena,
4820   Y en su destino incostante,
      Sólo el gaucho vive errante
      Donde la suerte lo lleva.

      Es el pobre en su orfandá
      De la fortuna el desecho–
4825   Porque naides toma a pechos
      El defender a su raza–
      Debe el gaucho tener casa,
      Escuela, Iglesia y derechos.–

      Y han de concluir algún día
4830   Estos enriedos malditos–
      La obra no la facilito

186. *Botón de pluma*: botón que se confeccionaba con el canuto de la pluma de avestruz, muy apreciado por sus cualidades y de hechura compleja.

Porque aumentan el fandango,[187]
Los que están como el chimango
Sobre el cuero y dando gritos.

4835 Mas Dios ha de permitir
Que esto llegue a mejorar–
Pero se ha de recordar
Para hacer bien el trabajo,
Que el fuego pa calentar,
4840 Debe ir siempre por abajo.–

En su ley está el de arriba
Si hace lo que le aproveche–
De sus favores sospeche,
Hasta el mesmo que lo nombra–
4845 Siempre es dañosa la sombra[188]
Del árbol que tiene leche.

Al pobre al menor descuido
Lo levantan de un sogazo–
Pero yo compriendo el caso
4850 Y esta consecuencia saco–
El gaucho es el cuero flaco
Da los tientos para el lazo.

Y en lo que esplica mi lengua
Todos deben tener fe–
4855 Ansí, pues, entiendanmé,
Con codicias no me mancho–
No se ha de llover el rancho[189]
En donde este libro esté.–

187. Desorden.
188. Según la superstición, la sombra de ciertos árboles (el ombú, la higuera) era mala y los gauchos evitaban dormir debajo de ellos.
189. *Dejar que se llueva el rancho*: en sentido figurado, entregarse a la pereza y al abandono.

Permítanme descansar,
4860 ¡Pues he trabajado tanto!
En este punto me planto
Y a continuar me resisto—
Éstos son treinta y tres cantos,
Que es la mesma edá de Cristo.

4865 Y guarden estas palabras
Que les digo al terminar—
En mi obra he de continuar
Hasta dársela concluida—
Si el ingenio o si la vida
4870 No me llegan a faltar.

Y si la vida me falta,
Tenganló todos por cierto,
Que el gaucho, hasta en el desierto
Sentirá en tal ocasión—
4875 Tristeza en el corazón
Al saber que yo estoy muerto.

Pues son mis dichas desdichas,
Las de todos mis hermanos—
Ellos guardarán ufanos
4880 En su corazón mi historia—
Me tendrán en su memoria
Para siempre mis paisanos.—

Es la memoria un gran don,
Calidá muy meritoria—
4880 Y aquellos que en esta historia
Sospechen que les doy palo—[190]
Sepan que olvidar lo malo
También es tener memoria.

190. *Dar palo*: criticar.

Mas naides se crea ofendido
4890 Pues a ninguno incomodo–
Y si canto de este modo
Por encontrarlo oportuno–
NO ES PARA MAL DE NINGUNO
SINÓ PARA BIEN DE TODOS.

«**Para viajar lejos no hay mejor nave que un libro**».

Emily Dickinson

Gracias por tu lectura de este libro.

En **penguinlibros.club** encontrarás las mejores
recomendaciones de lectura.

Únete a nuestra comunidad y viaja con nosotros.

penguinlibros.club